ゼロ から スタート！

武山茂樹の 改訂版
ビジネス
実務法務 検定試験®

1冊　　　　　書

LEC専任講師 武山茂樹 著

LEC東京リーガルマインド 監修

KADOKAWA

LECで大人気の
武山講師が合格へナビゲート！

3級合格に
最短ルートで
導きます！

弁護士
武山　茂樹 （たけやま・しげき）

京都大学法学部卒業。国家公務員Ⅰ種試験（法律職）合格。LECの公務員試験講座や宅建士講座の講師を務める中、第1回司法試験予備試験に合格。予備試験合格は世間で言うほどには難しくないことを伝えるため、予備試験の講師としても教壇に立つ。現在、司法試験講座だけでなく、ビジネス実務法務検定試験® 講座も担当するマルチで活躍する人気講師。

STEP 1 武山講師の ここがすごい！

① 法律系資格試験の講師歴14年。現役弁護士が独自メソッドで合格者を多数輩出！

各種法律系資格試験の講師歴は14年、ビジネス実務法務検定試験®では企業研修の実績も多数あります。現役弁護士ならではの生きた事例と丁寧な解説で問題がラクに解けると大人気です。

② 試験の論点を熟知。ツボを押さえた解説が人気

司法試験、公務員や宅建士といった他資格の豊富な講師実績があり、検定試験の頻出ポイントを熟知。論点を押さえたわかりやすい解説で、勘所がよくわかると評判です。

受講者の声

- 身近な事例を使ってくれたので、よく理解できた
- ポイントを絞った解説で試験に出る部分を強調してくれた
- 難解な法律用語を具体的に解説してくれた
- 説明が明快でわかりやすかった
- 周辺知識や関連法令も教えてくれ、得点力アップにつながった

STEP 2 合格への確実な一歩が踏み出せる

ビジネス実務法務検定試験®3級の合格率は70%前後と比較的高く、難易度は高くないものの、民法や会社法を中心に知的財産法や労働法など大変幅広い企業法務の知識が問われます。本書では、各種法律系試験の講師実績があり、難しい法律を明快に伝えることができる武山講師が試験に出るところだけを徹底解説。この1冊をマスターすることで合格に大きく近づきます。

STEP 3 最短ルートの学習法を示します

その1 「イメージ」と正確な解説の組み合わせで論点を攻略！

耳慣れない法律用語には誰もが苦手意識を持つもの。難解な法令のしくみを日常の出来事やビジネス上の問題に置き換えて説明しています。イメージと正確な解説の組み合わせで、法律用語の理解が格段に進みます！

その2 10時間で読み切れる見開き構成

ビジネス実務法務検定試験®合格に必要な基礎知識を1冊に凝縮。1項目見開きで左にポイントを押さえたわかりやすい解説、右に理解しやすい図やイラスト満載でどんどん読み進められます。

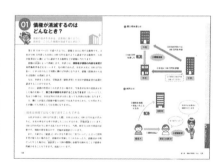

ビジネス実務法務検定試験®
合格を実現！
**人気講師の合格メソッドを
誌面で再現**

ビジネス実務法務検定試験®は仕事にも生活にも役立つ資格

　ビジネス実務法務検定試験®は、ビジネスに関連する法律の知識を幅広く問う、東京商工会議所主催の法律系検定です。

　ビジネスはもちろんのこと、私たちの生活や経済活動は法律で規定されています。ですから、法律の知識があれば未然に契約トラブルを防げたり、問題が起こっても大ごとにしないで解決できたりします。こうした知識は、ビジネス実務法務検定試験®にチャレンジすることで効率よく身につきます。さまざまなビジネスシーンにおいてはもちろん、日常生活でも役に立つ資格なのです。さらに、身近な法律問題やニュースをよりいっそう理解できるようになり、興味もわいてきますから、学ぶことが"面白い"資格であるともいえます。

この本を執筆したきっかけ

　私は常々、ビジネス実務法務検定試験®の講師として、この役に立つ面白い資格に、もっと多くの方々に気軽にチャレンジしてほしいと考えていました。そのためには手軽に学べる参考書が必要です。しかし、ビジネス実務法務検定試験®の参考書は、どうしても法律を紹介して終わってしまうものが多いようです。そこで、本書の執筆にあたっては、できるかぎり具体例を入れてわかりやすくするとともに、法律の本質に切り込んだ解説に努め、記憶に残るように心がけました。

　受験の動機には、「法律に興味がある」「仕事に役立ちそうだ」「法務部に配属されて必要だから」「とりあえず法律系の資格を取ってみたい」など、さまざまなものがあると思います。受験を目指す方はもちろん、そうでない方も、ぜひこの本を読み進めてみてください。楽しく興味深い法律の世界が、あなたを待っています。

LEC専任講師　弁護士　武山茂樹

① ビジネス実務法務検定試験®の概要

◆ まずは出題範囲を押さえる

　ビジネス実務法務検定試験®には１級、２級、３級と３つの級があります。まず、入り口となる３級の出題内容を見てみましょう。ちなみに３級の出題形式はすべてマークシート式です。

　以下の項目名は、ビジネス実務法務検定試験®の公式テキストに合わせてあります。本書では、著者が項目を独自に設定していますが、扱っている内容は同様です。

❶ビジネス実務法務の法体系

　法律の種類、ビジネス実務法務の全体像、CSR（企業の社会的責任）やコンプライアンスについて学びます。

❷企業取引の法務

　契約の種類、取引や契約でトラブルが起きたときの処理を学びます。

❸債権の管理と回収

　売掛金などの債権の管理や回収、企業倒産時の処理などを学びます。

❹企業財産の管理と法律

　不動産や知的財産などに関わる法律を学びます。

❺企業活動に関する法規制

　消費者保護法や個人情報保護法、環境法や独占禁止法など、さまざまな規制について学びます。

❻企業と会社のしくみ

　会社に関する法律です。そもそも会社とは何かという点から、株主総会や取締役会の手続きまで扱います。最も企業法務らしい分野といえます。

❼企業と従業員の関係

　労働に関する法律です。労働契約や有給休暇などについて学びます。

❽ビジネスに関連する家族法

　結婚や離婚などの家族に関する法律や、相続について学びます。

本書は主に３級程度の内容を扱っていますが、３級のレベルは「**ビジネスパーソンとしての業務上理解しておくべき基礎的法律知識を有し、問題点の発見ができる**（ビジネスパーソンとして最低限知っているべき法律実務の基礎知識を想定）」となっています。上記知識を身につけ、問題演習をしていけば、合格レベルに達するでしょう。

◆ １級・２級の出題内容を見てみよう

　２級以上の試験内容についても紹介しておきましょう。２級のレベルは「企業活動の実務経験があり、弁護士などの外部専門家への相談といった一定の対応ができるなど、質的・量的に法律実務知識を有している（知識レベルとしてのアッパーレベルを想定）」となっています。３級の知識に加え、より詳細な会社法の規定や労働組合、国際取引法務、民事裁判手続など、レベルの高い法的知識も含まれます。企業の法務部の方は、できればこのレベルまでは目指したいところです。

　次に１級のレベルですが、「業務上必要な法律実務知識をビジネス全般にわたって持っており、その知識に基づいて多面的な観点から高度な判断・対応ができる（実務的対応能力としてのアッパーレベルを想定）」となっています。要求される知識レベルは２級とほぼ同じです。

　ただし、１級は事例問題を実際に論文の形で解答する論述式試験となっています。その点、かなりレベルが高い試験といっていいでしょう。

◆ 資格取得後の活躍のフィールド

　ビジネス実務法務検定試験®の資格は、就職・転職の際に法務知識のアピールに使えるでしょう。近年はコンプライアンス（法令遵守）の重要性が叫ばれていますから、法務部の方はもちろん、営業の方等にとっても役に立つ資格です。また、他の法律系資格への登竜門として、取得を目指す方もいます。

　ふだんお仕事をされている方であれば、資格試験の勉強には大変な面もありますが、結果はきっとついてきます。一緒に頑張りましょう。

ビジネス実務法務検定試験®の学習法

◆ 法律系資格の勉強では、この落とし穴に要注意！

　よく、「**資格試験の勉強は過去問から始めるべき**」といわれますが、こと**法律系資格**については、**この学習法は間違っています**。なぜなら、高校までの授業で法律はほとんど扱われず、前提となる知識がないからです。憲法などは多少扱いますが、資格試験に必要なレベルとは差がありすぎます。そこで、過去問に取り組む前に、ざっとでもいいので、本書を読み、理解することから始めていきましょう。試験勉強は次の2ステップで進めるのがおすすめです。

ステップ1　まずは本書の7割の理解を目指す

　本書を初めて読んだ段階では、3割の理解でもいいくらいです。法律の学習では、「後で出てくる知識を学ばないうちは、最初のほうのことがわからない」ということがよくあります。すべての法律はゆるやかにつながっているからです。本書を繰り返し読み、まずはざっと7割程度、理解することを目指してください。

ステップ2　過去問を解いてみる

　過去問を解く際も完璧主義に陥らないことが大切です。少し考えてわからなかったら答えを見ましょう。解説を読んで理解できればよいのです。どのような聞かれ方をするのか、どこがよく出るのかも知っておきましょう。

◆ 試験勉強の2つのコツ

❶情報を一元化する

　過去問で出たところや間違いやすいところは、本書にラインマーカーを引くなどしてマークしたり、メモを加えたりしてください。それによって、試験直前期まで使える「自分だけのオリジナルな参考書」が完成します。

❷繰り返し解く

　テキストや問題集は最低でも2回は繰り返してください。1回でわかることは少ないのが法律の勉強の特徴といえます。

Contents

武山茂樹の
ビジネス実務法務検定試験®
1冊目の教科書

第1章

契約法

第2章

不当利得・事務管理・不法行為

第3章

法人と会社

第4章

企業財産の管理

第5章

債権の管理と方法

第6章

企業活動に関する法規制

第7章

労働法

第8章

親族法・相続法

校閲協力　岡田忠智・山口泰弘（LEC 武山ゼミ出身）／石田みやび
本文デザイン　ISSHIKI
DTP　株式会社フォレスト
本文イラスト　寺崎愛

Map

本書で学ぶこと

本書は試験（3級）の出題内容にあわせて、全8章で構成しています。出題内容は、大きく3つのテーマに分けられます。全体像を把握してから読み始めると、知識が整理しやすくなります。

法律の基礎知識

第1章

契約法

ビジネスに関わる法律を理解する基本、「契約」の本質を理解しよう

第2章

不当利得・事務管理・不法行為

交通事故など、契約関係がないのに債権が発生する事例を学ぼう

会社と企業法務

第3章

法人と会社

法人と会社の「しくみ」に関する法律について学ぼう

第4章

企業財産の管理

知的財産などを守る法律について学ぼう

第5章

債権の管理と方法

債権を確実に回収するための管理方法を学ぼう

第6章

企業活動に関する法規制

企業が守るべきルールについて学ぼう

第7章

労働法

賃金や働き方など、企業と従業員の間のルールを学ぼう

家族と法律

第8章

親族法・相続法

家族間での問題の扱い方を学ぼう。個人的な問題に見えて、企業にも関係がある

本書は原則として、2023年10月時点で成立済みの法令（未施行を含む）および情報をもとに原稿執筆・編集を行っています。試験に関する最新情報は、試験実施機関のウェブサイト等でご確認ください。

第 **1** 章

契約法

この章では、契約にまつわる法律を学びます。
ビジネスには売買や賃貸借といった契約が
必須ですから、最も重要な章の一つになります。
身近な具体例を思い浮かべながら読み進めると
わかりやすいです。

契約とは、**法的に強制することができる約束**のことをいいます。

たとえばAが、Bから中古自動車を100万円で買いました。このように、物や権利とお金を交換する契約を**売買契約**といいます。

この事例で、Aが100万円を支払ったにもかかわらず、Bが自動車を引き渡さないとき、AはBに民事訴訟（民事裁判）を提起し、Bに自動車の引渡しを請求することができます。Aが裁判に勝ってもまだBが引き渡さない場合、執行官がBのもとから自動車を持ってきてくれます。このように、**裁判を通して契約を実現できる**というのが、「法的に強制することができる」という意味です。「法的に強制できる」ことを、**権利**があるといいます。

一方、たとえばデートの約束は、通常、法的に強制することはできないので（法的に強制できると思って当事者は約束していないことがその理由です）、契約とはいえないわけです。

契約はたとえ口約束でも成立する

では、契約の方法に限定はあるのでしょうか。つまり、契約が成立するためには、「契約書」などの書類を作成しなければならないのでしょうか。

原則として、契約は、**申込みの意思表示と承諾の意思表示の合致**があれば成立します。つまり、Aが「その車を100万円で買いたい」とBに言い、Bが「いいよ」と言えば、AB間で車の売買契約が成立します。なお、必要な印紙を貼らなくても契約は有効です（脱税ですが）。

契約の履行場所（義務を果たす場所、車の売買契約なら車を引き渡したりお金を払ったりする場所）は、当事者の契約によって決まります。当事者で特に約束をしていない場合は、特定物（29ページ参照）の場合は契約時に特定物が存在した場所、そうでない場合は債権者の現在の住所になります。

◎ 契約には法的な強制力が伴う

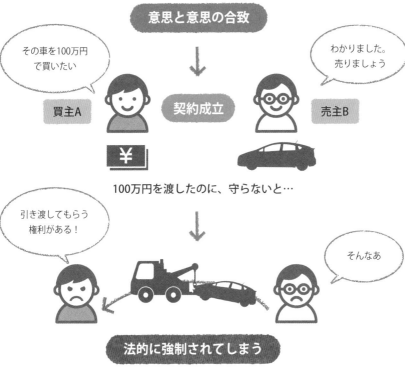

意思と意思の合致

その車を100万円で買いたい

わかりました。売りましょう

買主A　契約成立　売主B

¥

100万円を渡したのに、守らないと…

引き渡してもらう権利がある！

そんなあ

法的に強制されてしまう

なお、原則として契約は、申込みの意思表示と承諾の意思表示の合致があれば成立するので、口頭でも成立します（契約書は証拠です）

◎ 書類にも意味がある

申込みの意思表示

発注書

ジュース100本
1万円で発注します。
A社　代表取締役×××

売買契約成立

承諾の意思表示

請書

△月×日の発注
確かにお受けします。
B社　代表取締役〇〇〇

契約書は証拠として強力なので、通常は作成します。しかし、契約書がなくても、注文書や発注書と請書があれば、申込みの意思表示と承諾の意思表示が合致するので、契約は成立します。メールのやりとりや電話のやりとりでも契約は成立します。AとBが対面で契約をする場合、申込みの意思表示と承諾の意思表示が合致した瞬間に契約は成立します。

　一方で、例外として、保証契約（138ページ）は書面で結ばないと効力を生じません。このように、一定の例外もあります。

「債権」は人に対する権利、「物権」は物に対する権利

　人に対する権利を債権といいます。人に対する義務は**債務**といいます。

　たとえば、Aが時給1,000円でBを雇ったとしましょう。これは雇用契約または労働契約といいます。AはBに対し、特定の仕事に就いて働くように言うことができます。これは債権です。逆に、BはAに対し、働く義務を負っています。これは債務です。同様に考えて、BはAに給料を請求できる権利（債権）を有していますし、逆にAはBに給料を払う義務（債務）を負っています。

　一方で、**物に対する権利**を**物権**といいます。代表的なものとして、所有権が挙げられます。

　AがX土地の所有権を持っているということは、AがX土地を自由に**使用**でき、他人に貸すなどして**収益**を上げることや他人に売るなどの**処分**ができることです。物権にはほかに抵当権や留置権、質権、先取特権、譲渡担保権等があります。これらについては142ページ以降で説明しますが、物権の最大の特徴は、誰に対しても権利を主張できるということです（**物権の絶対性**）。一方、債権は債務者に対してしか主張することができません（**債権の相対性**）。

　AがBからジュースを1万円で買ったとすると、AはBにジュースを引き渡すように（債権）、BはAに1万円を支払うように（債権）言うことができます。また、BからAにジュースの所有権（物権）が移転します。

◎ 債権と物権

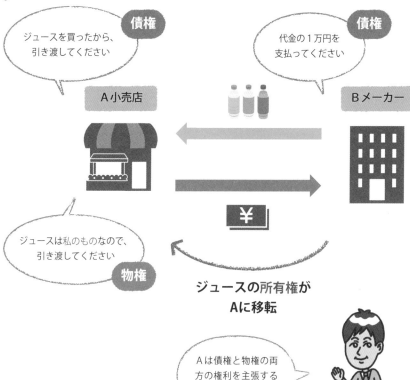

	債権	物権
権利の内容	人に対する権利	物に対する権利
具体例	貸金返還請求権、損害賠償請求権、不動産賃借権	所有権、抵当権、質権
性質	間接的、併存的、相対的	直接的、排他的、絶対的
権利の原則	・契約は、その締結・内容・方式のいずれにおいても自由になされる（契約自由の原則） ・矛盾する内容の複数の債権が成立しうる	・民法などの法律によらなければ、物権を創設することはできない（物権法定主義） ・同一物の上に同一内容の物権が並存することは許されない（一物一権主義）

02 あらゆる物は「動産」と「不動産」に分けられる

土地と建物は「不動産」、それ以外は
「動産」。不動産には登記が欠かせません

法律上の「物」は液体・気体・固体のいずれか

土地や車など、物を売買するにあたっては契約を結ぶわけですが、法律上、**「物」とは有体物**（液体・気体・固体）のことをいいます。そして、物は動産と不動産に分けられます。

不動産：**土地**と建物のことをいいます。**土地と建物は別個の不動産**です。つまり、土地の上に建物が建っていれば、土地を1つの不動産、建物を1つの不動産と数えるということです。

動産：**不動産以外の物**をいいます。ボールペン、食パン、車、飛行機、これらはすべて動産です。

押さえておきたい「登記」と「登録」

Aが甲土地を所有していることを、法的には「Aが甲土地の所有権を有している」といいます。しかし、所有権は目に見えません。そこで、不動産の所有権（やその他の物権）が誰にあるのか、国（法務省）のデータファイルに登録できるようにしました。その登録のことを**登記**といいます。

登記ができるのは原則として、不動産になります。ただし、車や航空機、船など重要な財産にかぎっては、誰が所有者かを**登録**できるようにしました。たとえば、車を登録すると、所有者のナンバープレートをつけることになります。

登録すると、誰が権利を持っているのか、役所でわかるようになりますので、**不動産と同様の扱い**がなされます。

◎ 契約上の「物」と所有のしくみ

物 ＝有体物

- 不動産 …土地・建物

- 動産 …不動産以外の物

◎ 不動産の登記と動産の登録

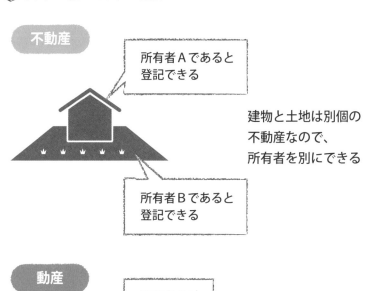

不動産

所有者Aであると
登記できる

建物と土地は別個の
不動産なので、
所有者を別にできる

所有者Bであると
登記できる

動産

所有者Cが
登録できる

➡ ナンバープレートを設置

法律の世界ではある土地のこ
とを「甲土地」や「乙土地」
と表現することがあります

03 契約を交わした 瞬間に移る「所有権」

土地は購入後、すぐに登記しないと
「二重譲渡」に巻き込まれることも！

土地の所有権はいつ移転する？

　AからBが、土地を買いました。土地の所有権は、いつ、AからBへ移転するのでしょうか。

　これは、**特約がないかぎり、売買契約を交わした瞬間に移転**することになります。実際に代金を支払ったか否かとは関係なく、契約の瞬間に所有権が移転するのです。

　ただし、当事者に**特約**（特別の契約）があった場合は別です。たとえば、「BがAに代金1,000万円を支払ったときに、所有権が移転する」という特約があれば、代金を支払ったときに所有権が移転します。

「二重譲渡」が行われた場合、土地は誰のものになる？

　不動産の登記は、買主と売主が共同して手続きをします。国が勝手に行うわけではありません。たとえば、AからBが10月1日にX土地を買ったものの、登記手続をしないまま11月1日になったとします。すると、11月1日には、X土地の所有権はBにあるものの、登記簿を見るとまだAが所有者になっているという事態が起こるわけです。

　そのため、AがBにX土地を売ったが（第1売買）、Bに登記を移転しないうちにAが今度はCにX土地を売ってしまった（第2売買）という事態も起こりえます。第2売買の際、登記簿を見るとAが所有者となっていますから、問題になります。このような事例を**二重譲渡**といいます。

　では、BとCのどちらがX土地の所有権を取得するのでしょうか。

　右ページの図で説明します。なお、法律では、事情を知っていることを**悪意**、知らないことを**善意**といいます。

◎ 二重譲渡ではどちらが所有権を取得する？

第1売買

A → B

登記

登記を移転する
前に、AがCに
X土地を譲渡

第2売買

C

X土地

所有権はBとC、
どちらが取得するのか？

原則
**先に登記を得たほうが
所有権を取得する！**

例1　悪意でも登記を得れば所有者

Bが先に買っていることをCが知っていても、C
が登記を備えればCが所有者

例2　背信的悪意者の例外

Cが先に登記を備えても、CがBへの嫌がらせ目
的で買った場合は、Cは所有権を獲得できない

背信的悪意者とは、いわば
「すごくずるい人」のこと。
Bに所有権があることを知っ
ていた（悪意）うえで、Bに
嫌がらせをする目的で買った
場合などです

04 本心ではない意思表示「心裡留保」と「虚偽表示」とは？

契約トラブルに巻き込まれないために
知っておきたい２つのポイント

　ここからの項目では、契約トラブルはどういう場合に生じるのか、また生じた場合の処理について、見ていきましょう。

「10円で高級車、売ります」　冗談でも契約は成立してしまう！

　心裡留保とは、簡単に言うと、冗談で意思表示をすること、つまり**本意ではない契約の申込みや承諾をする**ことをいいます。たとえば、Aが本当は売るつもりがないのに冗談で自分の大事な高級車を「10円で売るよ」と言ったとします。相手が真に受けて、「10円でその車を買うよ」と言ったら、どうなるでしょうか。

　これは相手が真意を、つまり冗談だということを知っていれば（悪意）契約は無効、相手が真意を通常なら見抜けるはずなのに見抜けなかった（有過失）場合も無効、真意を知らなければ（善意）契約は有効になります。Aには気の毒ですが、法律上はそうなってしまうのです。

土地をだまして売ったとしたら…

　AとBが**意思を通じて**（通謀といいます）、お互いに売買契約をするつもりがないのに、Aの土地をBに売った「ことにした」場合、このことを**通謀虚偽表示**、あるいは単に**虚偽表示**といいます。具体例については、右図を見てください。この場合、AもBも売り買いするつもりがないので、当然、売買契約は無効です。

　では、ずるいBが「この土地は自分のものだ」と言って、Cに売ってしまったらどうでしょうか。Cは、Aの土地を自分のものにできるのでしょうか。この場合、CがAB間のやりとりを知らなければ（善意）、Cは土地の所有権を取得できることになります。

◎ 虚偽表示の例

AはXから1,000万円を借りています。Aは期日までに借金を返せそうもなく、このままでは銀座にある土地を差し押さえられて、Xに土地を取られてしまいます。

そこで、Aは「土地の名義をBにしたい」と考えました（BはXからお金を借りていないので、差し押さえられないため）。

Aは本当はBに土地を売るつもりがないのに、売買契約書を作って登記をBに移しました。

もしもBが、善意のCをだまして、その土地を販売したら、土地は誰のものになるでしょうか。

勘違い（錯誤）で結んだ契約は取り消せる？

要注意！ うっかりミスで結んだ契約でも
一定の場合は取り消せない

　錯誤とは、簡単に言えば、勘違いで意思表示をすることです。たとえば、Aがベンツを売ろうと思って、うっかり、「ポルシェを売る」と言ってしまったような場合です。Bが、ポルシェを買えると思って、承諾した場合はどうなるでしょうか。

　この場合、**①契約の重要部分に錯誤があり**（勘違いがなかったなら、その人も一般人も意思表示をしなかったということ）、**②表意者（意思表示をした者）に重過失（重大ミス）がない**ときは、契約は取り消すことができます（注：民法改正前は無効）。ベンツとポルシェを勘違いするのは、**重過失**といえますから、契約を取り消すことはできません。

契約は３つの要件を満たせば取り消せる

　すごくスピードが出る車だと思って買ったのにスピードが出なかった、地下鉄が通ると思って土地を買ったのに実際は通らなかったというように、動機に勘違いがある場合を**動機の錯誤**といいます。

　動機は、相手方に見えませんから、簡単に契約を取り消されたのでは、相手方がたまりません。そこで、**①動機を相手方に表示して意思表示の内容とし**、**②契約の重要部分に錯誤があり**、**③表意者に重過失がない**という３つの要件を満たしたときだけ、契約を取り消すことができます（その他の細かい要件は省略します）。

　つまり、「この土地の近くに将来、地下鉄が通りますよね？」と、買うときに言わなければ（**動機の表示**）、契約を取り消せないということです。

　なお、動機をはっきりと示さず、相手方ににおわせるだけでも表示といえるとされています（**黙示**による表示）。

◎ 動機の錯誤の事例

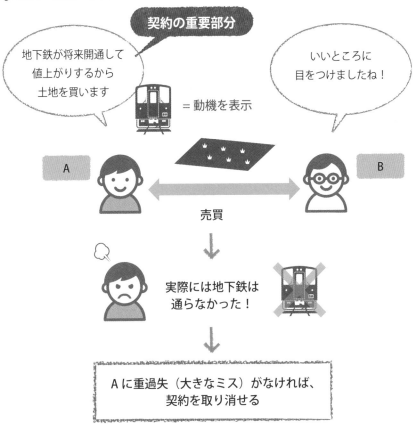

契約の重要部分

地下鉄が将来開通して
値上がりするから
土地を買います

= 動機を表示

いいところに
目をつけましたね！

A B

売買

実際には地下鉄は
通らなかった！

Aに重過失（大きなミス）がなければ、
契約を取り消せる

 Check Test

内容が正しいものには○を、誤っているものには×をつけなさい。

① AはBにX土地を売った。しかし、Bが登記を備えないうちに、AはCにも土地を売って、Cが登記を備えた。このとき、CがAB間の売買の存在を知っていれば、Bが土地の所有権を取得する。

② Aは本当はBに売るつもりがないのに、税金対策としてX自動車を売ったことにし、仮装（実際にあったかのように見せかけること）の売買契約書を作り、Bの登録にした。その後、何も事情を知らないCがX自動車を買った。この場合、CがX自動車の所有権を取得する。

答え　① ×（23ページ）　② ○（24ページ）

06 「詐欺」や「強迫」による契約は取り消せる？

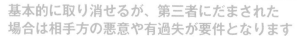

基本的に取り消せるが、第三者にだまされた
場合は相手方の悪意や有過失が要件となります

契約を取り消すと、無効となる

たとえば、AがBをだまして、1万円の価値しかない車を100万円で買わせた場合はどうなるでしょうか。だまされたBは、売買契約を取り消すことができます。また、Bが車を気に入った場合には、取り消さないこともできます。

契約を取り消すと、契約は初めからなかったことになりますので（**無効**）、BはAに払った100万円を返すように言えますし、AはBに車を返すように言えます。

AがBに100万円を返すことと、BがAに車を返すことは、当事者の公平から同時に行う必要があります（**同時履行の関係**）。つまり、BがAに車を返さずに、Aに100万円を返すように言った場合は、AはBに「車を渡すまで、100万円を返さないぞ」と言えるわけです。

脅されて契約をした場合は、「**強迫による契約**」といいます。詐欺と同様に、強迫された者は契約を取り消すことができます。

当事者以外（第三者）の詐欺や強迫で契約を結んでしまったら…

Cが「この株は絶対もうかるから」とXを**だまして**、XとYが株式の売買契約をした場合はどうなるでしょうか。この場合は、Yが詐欺の事実を知っている（悪意）、または知ることができた（有過失）場合にかぎり、Xは売買契約を取り消せます。

一方、CがXを**脅して**、XがYと契約を締結した場合は、Yの**知不知**（善意・悪意）にかかわらず、Xは契約を取り消せます。

民法では、だまされた人には多少落ち度があるけれども、脅された人に落ち度はないと考えているので、このような差異があるのです。

◎ 第三者による詐欺

この株は絶対
もうかるから、
買ったほうがいい

第三者による強迫は、相手
方の善意悪意にかかわらず、
取り消すことができます

C

だます

よし！買おう！

実は倒産寸前で
紙切れ同然なのに…

X

¥　売買

Y

株券

Yが悪意または有過失なら取消しできる

📖✏ ワンポイント

契約に欠かせない用語、「特定物」「不特定物」とは？

「物の個性に着目していない物」を不特定物といいます。コーラのような工業製品は
大抵、不特定物です。たとえば、買主が、コーラであれば店の陳列
棚の一番手前にあるものでも奥のものでもかまわなければ、それは
不特定物です。一方、家や絵を買うときは、「この家が欲しい」「こ
の絵が欲しい」と買主は思っているはずです。このように、「物の個
性に着目している物」を特定物といいます。

07 「詐欺取消前の第三者」と「詐欺取消後の第三者」の違いとは？

詐欺による契約は取り消せますが、
第三者の有無で結論が変わります

　XがYに「絶対、値下がりするから」とだまされて、Yに土地を売ってしまいました。Yはその土地をZに転売しましたが、その後、Xがだまされていることに気づき、契約を取り消しました。

　Xは土地を取り戻せるのでしょうか。それとも、Zが土地の所有権を保有したままなのでしょうか。Zは詐欺取消しの前に出現しているので、**詐欺取消前の第三者**といいます。

　民法では、Zが詐欺の事実を知らない（善意）、かつ落ち度がない（**無過失**）場合、土地はZのものになります。これには「Zが保護される」「Xは取消しをZに対抗できない」といった、別の表現があります。一方、Zが詐欺の事実を知っていた（悪意）、または落ち度があったならば（有過失）、土地はXのものになります。なお、**強迫取消前の第三者**は、たとえ善意でも一切保護されないので、この事例で強迫の場合は土地はXのものです。落ち度とは、あやしい土地と知りながら調査しなかった場合などです。

詐欺による契約を取り消した後、第三者が現れた場合は？

　法律では、少しのタイミングで結論が変わります。上の例では、XがYにだまされてYに土地を売った時点で、土地の登記はYに移っているとしましょう。その後、Xがだまされていることに気づき、契約を取り消しました。しかし、Xは面倒になったのか、土地の登記を自分に戻す手続きをしませんでした。そこに目をつけたYは、Zに土地を売ってしまいました。Zは詐欺取消し後に出現しているので、**詐欺取消後の第三者**といいます。

　この場合、XとZの勝敗は、「先に登記を得たほうが勝ち」です。ちょうど、土地の二重譲渡と同じように考えるのです。なお、**強迫取消後の第三者は、詐欺取消後の第三者とまったく同じ扱い**をします。

◎ 詐欺取消前の第三者

ケース1　**Xが契約を取り消す前に、Yが第三者に転売した場合**

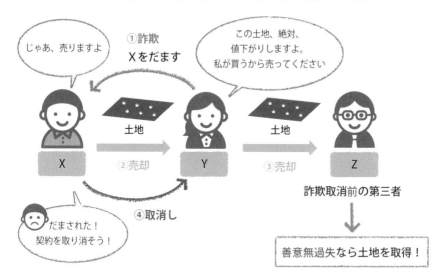

善意無過失なら土地を取得！

◎ 詐欺取消後の第三者(強迫取消後の第三者も同様)

ケース2　**Xが契約を取り消した後、Yが第三者に転売した場合**

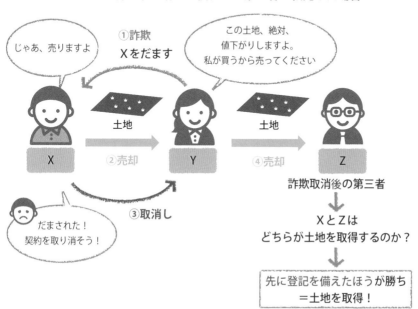

XとZは
どちらが土地を取得するのか？

先に登記を備えたほうが勝ち
＝土地を取得！

08 「代理」とは、法律行為を 代わりにやってもらうこと

①代理行為の存在、②顕名、③代理権の授与 という３つの条件が成立には不可欠です

　Xは、自宅を売りたいと考えていました。しかし、Xは仕事が忙しいので、不動産会社のYに「買主を探すこと」「Xの代わりに契約を締結すること」を依頼しました。そして、Yは買主Zを見つけてきて、Xの自宅をZに5,000万円で売りました。このように、契約などの法律行為を他人に代わりにやってもらうことを**代理**といいます。代理行為を行うYのことを、Xの**代理人**といいます。

　代理のポイントは、**契約を締結しているのはYとZなのに**、**契約の効果はXとZに生じる**ことです。つまり、Xは法律上は直接Zに代金を支払うように言うことができ、ZはXに直接、家を引き渡すように、あるいは登記を移転するように言えるわけです。

代理人として認められるために必要な条件とは？

　このように、Yが行動しているのに、契約の効果はXとZに帰属するわけですから、それなりの条件が必要です（**要件**といいます）。

　それは、①**代理行為の存在**（YとZが契約をしたこと）、②**顕名**（代理人YがZに対して、「私はXの代理人である」と言ったこと）、③**代理権の授与**（代理行為の前にXがYに代理権を与えたこと）、になります。

　ちなみに、②がないと、Zは「自分はYと契約した」と普通は思うので、契約の効果はYZ間に生じます。しかし、Zが、「YがXの代理人である」とわかっていた場合（悪意）、あるいはわかるべきだった場合（有過失）は、契約の効果はXZ間に生じます。

　また、契約が商行為であった場合は、②がなくても、契約の効果はXZ間に生じます。ただ、Zが「Yが代理人である」と知らなかった場合には、Zは家を渡すように、XにもYにも請求できます。

◎ 代理の構造

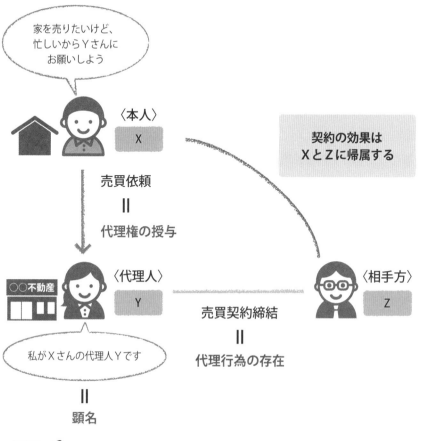

家を売りたいけど、忙しいからYさんにお願いしよう

〈本人〉 X

契約の効果は XとZに帰属する

売買依頼

＝

代理権の授与

〈代理人〉 Y

○○不動産

私がXさんの代理人Yです

＝

顕名

〈相手方〉 Z

売買契約締結

＝

代理行為の存在

各種契約を学ぼう❶

仕事を請け負う契約を「請負契約」という

当事者の一方がある仕事を完成することを約束し、相手方がその仕事の結果に対してその報酬を支払う契約を、請負契約といいます。AがBにマイホームの建設を頼む契約などです。結果が出ないと、報酬は発生しません。ただし、一部の完成であっても注文者にとって意味がある場合は、割合に応じた報酬が発生します。

また、注文者が建設途中で建物が不要になることもあるので、注文者は、いつでも（債務不履行がなくても）契約を解除できます（38ページ参照）。その場合、注文者は請負人に損害賠償を払う必要があります。

09 「無権代理」とは、代理権が ない者が代理行為をすること

無断で代理人を名乗った者が結んだ
契約には「追認」「取消し」「催告」で対処します

　YがXに無断で、Xの代理人と名乗り、ZにXの土地を売ってきてしまったとします。このように、**代理権がないのに代理人として振る舞い、代理行為をした場合**を無権代理といいます。Xは被害者なので、原則として、契約の効果はXZ間に帰属しません（例外については36ページで説明します）。契約の効果が帰属すると、上の例ではXが売主、Zが買主となります。

無権代理による契約の対処法は「追認」「取消し」「催告」

　無権代理でも、Xに有利な契約がなされることもあります。そこで、Xは希望すれば、Yの無権代理行為を事後的に認め、自分の契約にできます（**追認**）。追認をすれば、通常の代理と同じく、契約の効果がXZ間に帰属することになります。

　一方、Zは、Xが追認するまでは、契約を取り消すことができます（Yが無権代理人であることを知らなかった場合にかぎります）。無権代理人がからんだ契約はうさんくさいですから、「取り消したい」と思うのも当然の心理です。契約を取り消せば、契約は最初からなかったことになります。

　また、ZはXに対し、相当の期間を定めて、契約を追認するかどうかを**催告**する（一定の行為をするように請求する）ことができます。期間内にXから返事がないときは、追認を拒んだものとして扱われます。

無権代理人への責任追及

　Zは、一番悪い無権代理人であるYに対し、契約どおりのことをするように請求（**履行請求**）、あるいは損害賠償を払うように請求できます。

　ただし、これはZが無権代理であることを知らず、かつ知らないこともしかたなかった（善意無過失）場合にかぎります。

◎ 無権代理の責任追及

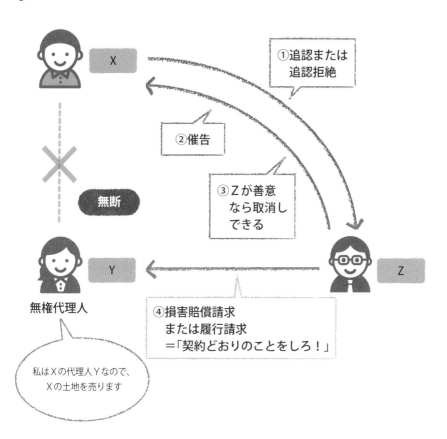

① 追認または
追認拒絶

② 催告

③ Zが善意
なら取消し
できる

X

Z

無断

Y

無権代理人

④損害賠償請求
または履行請求
＝「契約どおりのことをしろ！」

私はXの代理人Yなので、
Xの土地を売ります

 各種契約を学ぼう❷

互いに譲歩して争いをやめる「和解契約」

たとえば、Aは「Bに100万円を貸した」と主張し、Bは「借りたのではなく、もらった」と主張して争いがあるときに、BがAに50万円を支払うことで争いをやめる契約をすることがあります。これを和解契約といい、裁判で行うことも、裁判外で行うこともあります。

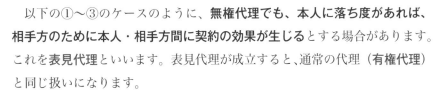

10 無権代理でも、契約が成立する「表見代理」とは？

無権代理で結ばれた契約でも、本人に落ち度が
あれば成立することがあります

　以下の①〜③のケースのように、**無権代理でも、本人に落ち度があれば、相手方のために本人・相手方間に契約の効果が生じる**とする場合があります。これを**表見代理**といいます。表見代理が成立すると、通常の代理（**有権代理**）と同じ扱いになります。

　なお、表見代理が成立するときでも、相手方は無権代理人の責任を追及することができます。

表見代理が成立する3つのケース

①代理権授与表示

　XがYに**白紙委任状**を渡したら、代理を頼んでもいないのに、Yが勝手に補充した委任状を示してZと契約をしてしまいました。白紙委任状というリスクがあるものをYに渡したXが悪いので、表見代理が成立し、契約の効果がXZ間に帰属することになります。ただし、Zの善意無過失が必要です。

②代理権の逸脱

　実際に表見代理のケースで一番多いパターンが、XがYに土地を貸す代理権を与えたのに、Yが土地をZに売ってしまった、つまり、代理人が与えられた**代理権以上のことをやってしまうこと**です。ZがYに代理権がないことを知らず、Zに過失もなかった場合（善意無過失）、表見代理が成立し、契約の効果がXZ間に帰属します。

③代理権消滅

　Xはかつて土地を売る権限をYに与えていましたが、その**代理権はすでに消滅**していました。しかし、Xが委任状を回収しなかったため、Yが「まだXの代理人である」と言って、Zに土地を売ってきてしまった場合などです。

　この場合も②同様、Zが善意無過失なら表見代理が成立します。

◎ 表見代理が成立するとどうなるか—代理権の逸脱のケース

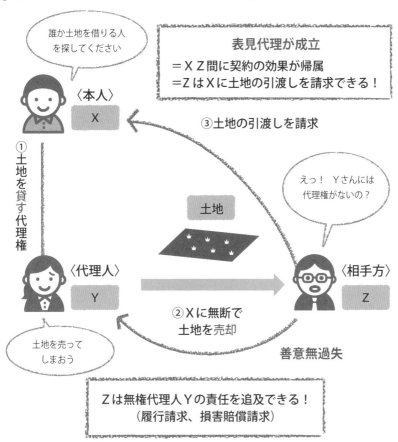

誰か土地を借りる人
を探してください

表見代理が成立
＝ＸＺ間に契約の効果が帰属
＝ＺはＸに土地の引渡しを請求できる！

〈本人〉
Ｘ

③土地の引渡しを請求

①土地を貸す代理権

土地

えっ！ Ｙさんには
代理権がないの？

〈代理人〉
Ｙ

〈相手方〉
Ｚ

②Ｘに無断で
土地を売却

土地を売って
しまおう

善意無過失

Ｚは無権代理人Ｙの責任を追及できる！
（履行請求、損害賠償請求）

ワンポイント

契約には期限や条件を付することができる

期限は到来確実なもので、確定期限（〇年〇月〇日まで）と不確定期限（「次に東京に
雪がふったら〜」など、到来確実だがいつ到来するかわからないもの）に分けられま
す。条件は、停止条件（条件が成就すると効力発生する）と解除条件
（条件成就によって効力が失われる）に分けられます。簿記検定に受
かったら車をあげるという契約は、停止条件付贈与契約となります。
なお、日・週・月・年のように、期間が１日以上の単位による場合
には、期間が午前０時から開始する場合を除いて、初日は期間に算
入しません（初日不算入原則）。

11 契約を守らない「債務不履行」への対処法は？

売買契約を結び、代金を払ったのに引き渡さない
相手に使える3つの法的手段

　AはBから100万円で車を買う契約を締結しました。AはBに100万円を支払ったのに、BはAに車を引き渡してくれません。

　このように、Bが契約違反をしている場合、すなわちBがAに車を引き渡す**債務**を負っているのに、それを果たしていない（**債務不履行**）場合、債権者であるAは何ができるのでしょうか。

債務不履行に対抗する3つの手段

　上記の例の場合、債権者Aが取り得る手段として、次の3つが挙げられます。

①強制履行

　Aは裁判所という国家権力の力を借りて（16ページ）、車をBのもとからレッカー車などで強制的に持ってこられます。**強制執行**という手続きです。

②損害賠償請求

　次に、Bがわざと車を引き渡さないなど、落ち度がある場合（**帰責性**ともいい、「過失」もほぼ同じ意味です）、AはBに損害賠償を請求できます。

　Bが車を約束の期日に引き渡してくれなかったので、Aにはレンタカーを借りたりするなど出費があったわけです。それらの損害をBに請求できます。

③解除

　さらに、Aに帰責性がなく、Bによる債務不履行が軽微でない場合は、売買契約を解除し、白紙に戻すことができます。契約を解除すれば、AはBに支払った100万円の返還を請求することができます。解除は意思表示によって行います。このとき、証拠を残すために内容証明郵便で行うこともあります。履行遅滞や不完全履行の場合は催告（「やれ」と言うこと）が必要ですが、履行不能等の場合催告は不要です。

　なお、AはBに対し、**損害賠償請求と解除の両方**をすることもできます。

◎ 債務不履行への対処方法

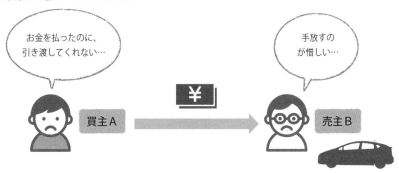

買主が取る行動は

① 強制履行　　　　　　② 損害賠償請求　　　　③ 解除

＝強制的に持ってくる

◎ 債務不履行の三類型

- 履行遅滞 ＝ 債務の履行が遅れている
- 履行不能 ＝ 債務の履行ができなくなる
- 不完全履行 ＝ 履行はあったが不完全である

伝統的には、債務不履行は3つに分類されてきました

 **Check Test**

内容が正しいものには○を、誤っているものには×をつけなさい。

① 　XがAに不動産を賃貸する代理権を与えたところ、AはYに当該不動産を売ってきた。このとき、Yが事情を知らず、過失もないなら、YはXに当該不動産の引渡しを請求できる。

② 　上記①の事例で、Yが損害を被った場合でも、YはAに損害賠償請求をすることはできない。

答え　① ○(36ページ)　② ×(37ページ)

12 「同時履行の抗弁権」とは？

　AはBに車を100万円で売る契約をしましたが、BはAに100万円を払おうとしません。こんなとき、Aは「100万円を支払うまでは、車を引き渡さない」と言うことができます。このように、当事者の一方が債務を履行しないうちは、自分のほうも債務の履行を拒絶できる権利を**同時履行の抗弁権**といいます。

　同時履行の抗弁権は、たとえば車の引渡しがお金の支払いより先である旨の特約（**先履行の合意**といいます）があるときは、認められません。車の引渡しが先なのに、「お金を払うまでは車を引き渡さない」というのはおかしいからです。

　実は、同時履行の抗弁権は、**双務契約**ではたいてい認められます。双務契約とは、**お互いに債務（義務）を負う契約**のことです。売買契約は、買主はお金を売主に支払う債務を負いますし、売主は物を買主に引き渡す債務を負いますから、「双務契約」であると言えます。

同時履行関係になるのはほかにどんなケースがある？

　債務の弁済（例：借金の返済）と受取証書（例：領収証）の交付は同時履行関係です。したがって、「領収書を渡してくれるまで、お金を払わない」と言えます。

　また、AがBに建物所有目的で土地を貸していて、Bが契約期間満了で土地をAに返すとき、BはAに「建物を買い取ってくれ」と言うことができます（**建物買取請求権**）。建物買取請求権を行使するとAB間に建物の売買契約が成立したことになるので、その瞬間に建物はAのものになります。そこで、BはAに「建物の代金を払うまで、建物と土地を返さない」と主張できます（建物を返さずに土地だけを返すというのは困難なため）。

◎ 同時履行の抗弁権

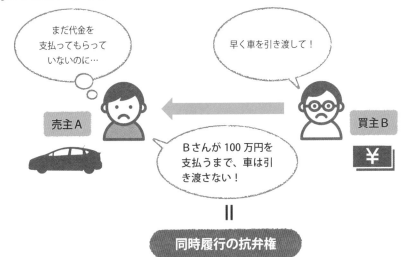

◎ 建物買取請求権と同時履行

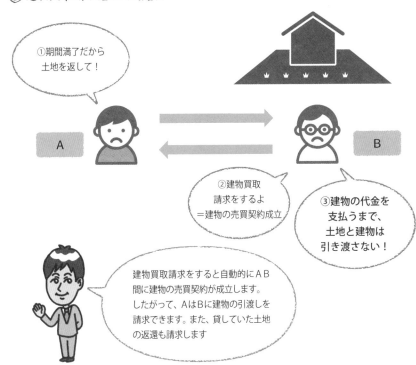

AがBに1,000万円で甲建物を売りました。このように売買契約が成立すると、AはBに1,000万円の支払いを請求でき、BはAに**契約の目的物**である甲建物の引渡しや登記の移転を請求できます。この対立する債務は**同時履行**が原則です。

では、**契約を結んだ後で、売買の目的物がなくなってしまった場合**には、どう処理されるのでしょうか。

売主の落ち度で焼失した場合は…

たとえば、上の例で、契約後、引渡し前に甲建物が火事でなくなってしまったケースについて考えてみましょう。この場合、AがBに甲建物を引き渡す債務は、履行不能となります。

BがAに甲建物の引渡しを請求しても、債務の履行は不可能（履行不能）なので、Aは債務の履行を拒絶することができます。

原因がAの失火など、債務者Aに落ち度がある場合、すなわち帰責性がある場合はどうでしょうか。

Aに帰責性と債務不履行があるので、BはAに対して損害賠償請求ができます。また、Bに落ち度がない場合、Bは契約の解除もできます。

一方で、**AがBに甲建物の代金を請求しても、Bは支払いを拒否**することができます。対立する一方の債務（AのBに甲建物を引き渡す債務）が履行不能になると、もう一方の債務（BのAに代金を支払う債務）は履行する必要がなくなります（**危険負担の債務者主義**）。この結論が平等だと考えられるからです。

それでは、Aに帰責性がない場合はどうなるのでしょうか。次の項目（44ページ）で見てみましょう。

◎ 売主の落ち度で契約の目的物がなくなった場合

売主Aの落ち度で目的物が焼失

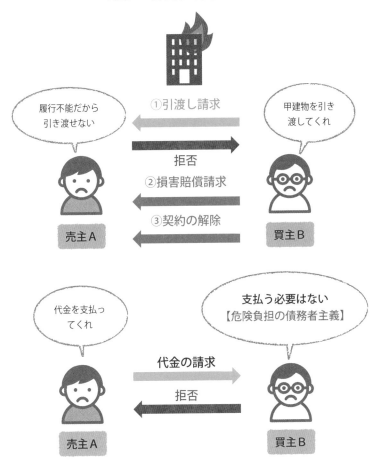

 ワンポイント

民法改正前と改正後の危険負担の違いに注意しよう

民法改正前の危険負担は、片方の債務が消えると、もう片方の債務が消えるといったものでした。改正後とはまったく異なるため、改正前の契約を見るときは要注意です。

14 もしもビル売買で、契約後にビルが焼失してしまったら？②

売主に落ち度がない場合は
2ケースに分けて考えます

　前の項目で（42ページ）、AがBに甲建物を1,000万円で売ったものの、契約締結後に、契約の目的物である甲建物が売主Aに帰責すべき事由によってなくなってしまったケースについて考えました。ここでは、**売主Aに帰責性が認められない場合**はどうなるのかについて見ていきましょう。

ケース1　買主の落ち度で建物が焼失した

　「AのBに対する甲建物の引渡し債務は履行不能だが、債権者Bが悪い」というケースです。まず、BはAに甲建物の引渡しを請求しても、履行不能なので、Aに引渡しを拒絶されてしまいます。そして、今回はAに帰責性がないので、BはAに損害賠償請求をすることができません。また、Bに落ち度があるので、Bは契約の解除もできません。

　一方で、AがBに甲建物の代金を請求すると、Bは代金を支払わなければなりません。対立する一方の債務（AのBに甲建物を引き渡す債務）が、債権者Bに帰責性があって履行不能になっても、もう一方の債務（BのAに代金を支払う債務）はまだ履行する必要があります（**危険負担の債権者主義**）。履行不能になったのは債権者Bの責任であり、Bに負担を負わせるのが平等だと考えられるからです。

ケース2　第三者が放火して建物が焼失した

「AのBに対する甲建物の引渡し債務は履行不能で、AにもBにも帰責性がない」というケースです。まず、BはAに甲建物の引渡しを請求しても、履行不能なので、Aに引渡しを拒絶されます。また、Aに帰責性がないので、BはAに損害賠償請求できません。しかし、Bにも落ち度がないので、Bは契約の解除ができ、代金の支払いも拒否できます（**危険負担の債務者主義**）。

◎ 買主の落ち度で契約の目的物がなくなった場合

買主Bの落ち度で目的物が焼失

履行不能だから
引き渡せない

①引渡し請求

甲建物を引き
渡してくれ

拒否

②損害賠償請求

③契約の解除

売主A　　　　　　　　　　　　　　買主B

代金を支払っ
てくれ

わかりました
（自分が悪いので、拒めない）
【危険負担の債権者主義】

代金の請求

拒否できない

売主A　　　　　　　　　　　　　　買主B

Bに落ち度があるので、Bは損害賠
償請求も契約の解除もできません。
また、Aから甲建物の代金を請求さ
れたら、支払わなくてはなりません

15 販売物の欠陥に責任を負う「契約不適合責任」とは？

車を買った後でエンジンに欠陥が見つかったら、
買主は売主にどのような請求ができる？

　AがBから中古車を100万円で買ったところ、エンジンに欠陥があることがわかりました。

　このように、売買で購入した物（売買の目的物）に欠陥（瑕疵）があった場合、買主は売主に**契約不適合責任**（瑕疵担保責任）を追及できます。これは**売主に帰責性がなくても、欠陥があった以上は売主が負う責任**です。

欠陥品について、売主に請求できることとは？

①**追完請求**：まず、買主は売主に対し、追完請求（修補や代替物・不足分の引渡しの請求）ができます。上記の例では、AはBにエンジンを直すように請求できます。

②**代金減額請求**：相当の期間を定めて追完を催告しても、売主が追完しない場合、あるいは追完が不可能な場合、買主は代金減額請求をすることができます。ただし、①②とも、買主に帰責性がある場合は請求できません。

③**損害賠償請求**：売主に帰責性がある場合には、買主は損害賠償請求ができます。

④**解除**：買主は、契約の解除をすることもできます。欠陥がある物を渡すことは債務不履行だからです。ただし、債務不履行が軽微な場合と買主に帰責性がある場合は、解除できません。

　上記①〜④の責任追及は、買主が不適合を知ったときから**1年以内に売主に通知**しない場合は原則できなくなるので、注意しましょう。なお、契約不適合責任は請負や賃貸借等、他の有償契約にも適用されます。有償契約とは、当事者双方が互いに対価的意義を有する給付をなす契約のことで、両者がWin-Winとなる契約です。贈与は一方が得をする契約なので、無償契約になります。

◎ 契約不適合責任の追及

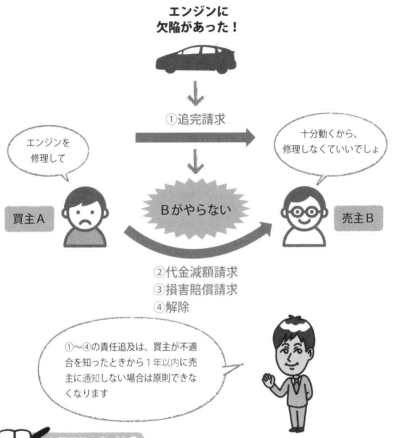

エンジンに欠陥があった！

①追完請求

エンジンを修理して

十分動くから、修理しなくていいでしょ

買主A

Bがやらない

売主B

②代金減額請求
③損害賠償請求
④解除

①〜④の責任追及は、買主が不適合を知ったときから1年以内に売主に通知しない場合は原則できなくなります

📖✏️ 各種契約を学ぼう❸

「寄託」の種類と注意義務

無償寄託（ただで預かった）の場合、受託者（受寄者ともいう、預かったほう）は、自己物に対するのと同一の注意義務を負います。一方、有償寄託の場合や商事寄託の場合、受託者は善管注意義務（＝善良な管理者における注意義務）を負います。自分の物はそんざいに扱っていいけど、他人の物はきちんと扱う必要があるということで、後者のほうが重い義務です。伝統的には、自己物に対するのと同一の注意義務は、受託者に故意重過失がある場合のみ責任を負う、善管注意義務の場合は、故意過失があれば債務不履行責任を負うとされてきました。軽い過失の場合、前者なら責任はないのですが、後者なら責任があります。

16 「手付」とは、あらかじめ代金の一部として支払う金銭

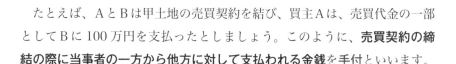

「手付」は売買契約の解除や損害賠償などにも
関わってくる重要なポイント

　たとえば、AとBは甲土地の売買契約を結び、買主Aは、売買代金の一部としてBに100万円を支払ったとしましょう。このように、**売買契約の締結の際に当事者の一方から他方に対して支払われる金銭**を手付といいます。

手付には3種類ある

　手付には次の3種類があります。

①**証約手付**：「金銭を渡したこと自体が、売買の証拠となる」という意味の手付です。

②**解約手付**：買主の場合は手付を放棄すれば、売主の場合は手付の倍額を返せば（手付倍返し）契約を解除できるというものです。

③**違約手付**：手付金と同額を、損害賠償の予定額とするものです。違約手付は、民事上の罰金である違約罰の性質を持つこともあります。

　なお、3つの性質すべてを兼ね備えた手付も存在します（一般的です）。

　また、すべての手付は①証約手付の性質を持ちます。また、特約がないかぎりは、②解約手付の性質を持ちます。

解約手付による解除ができるのはいつまでか

　解約手付による解除は、**相手方が履行に着手するまで**しかできません。たとえば、AがBから甲土地を1,000万円で買う契約をし、BからAに甲土地の移転登記がなされれば、Aは解約手付の放棄による解除はできなくなります。

　手付の規定も、他の有償契約に準用されます。特に賃貸借契約でよく用いられます。たとえば、テナントを借りるときにとりあえず10万円を手付として払うなどです。

◎ 解約手付による解除

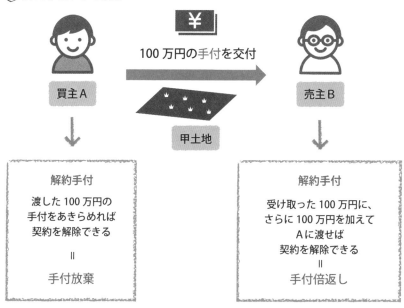

100万円の手付を交付

買主A　　　　　　　　　　売主B

甲土地

解約手付

渡した100万円の
手付をあきらめれば
契約を解除できる

＝

手付放棄

解約手付

受け取った100万円に、
さらに100万円を加えて
Aに渡せば
契約を解除できる
＝
手付倍返し

◎ 解約手付による解除ができない場合

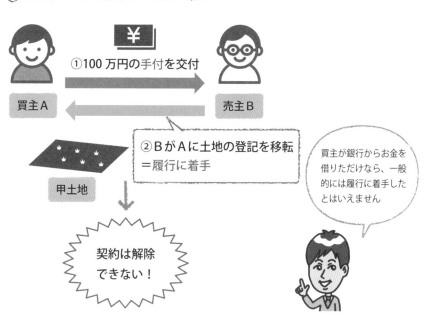

①100万円の手付を交付

買主A　　　　　　　　　　売主B

②BがAに土地の登記を移転
＝履行に着手

甲土地

契約は解除
できない！

買主が銀行からお金を
借りただけなら、一般
的には履行に着手した
とはいえません

17 賃貸借①
賃料と引換えに
物を貸す「賃貸借契約」

借家に住んでいたら、大家が家を売ってしまった
…出て行かずにすむ方法は？

　賃貸借契約とは、賃料を取って物（不動産、動産どちらもあります）を貸す契約です。AがBに建物を貸していました。その後、AがCに建物を売ったとしましょう。その場合、CはBを建物から追い出すことができます。Cの権利は**所有権**（物権）でBに対抗（主張）できますが、Bの権利は**賃借権**（債権）なので、Cに対抗（主張）できないからです。

こんな場合には「賃借権の物権化」が認められる！

　しかし、これでは安心して建物や土地を借りることができません。

　そこで、民法は、対抗要件を備えた賃借権は物権化し、その後所有権を手に入れた者に対抗できるとのルールを採用しました。賃借権は、①**登記**、②**借家の場合は引渡し**、③**借地の場合は借地上の建物の登記**、のどれかをなせば対抗要件を備え、物権化します。ただし、②③は借地借家法が適用される場合だけです（52ページ）。なお、賃貸借契約は更新が原則ですが、正当な事由があれば、賃貸人から契約の更新を拒絶できます。

敷金は何のために払うの？　全額返してもらえないのはなぜ？

　建物を壊したり、賃料を払わなかったりした場合のために、賃貸人（貸主）Aは賃借人（借主）Bから一定の金銭（**敷金**）を受け取ることができます。敷金は、賃借人が賃貸人に物を返却した後、未納賃料等を差し引いて、賃貸人が賃借人に返還します。ただし、金銭である敷金よりも物の返却が先です。

　なお、物件の修繕は賃貸人の義務です。賃借人は、自ら物件の修理などの必要費や、物件の改良費用（有益費）を支出した場合は賃貸人に請求ができます。また、契約が終了すると、賃借人は物件を元通りにして返す必要があります（**原状回復義務**）。ただし、自然損耗はそのままでOKです。

◎ 売買は賃貸借を破る

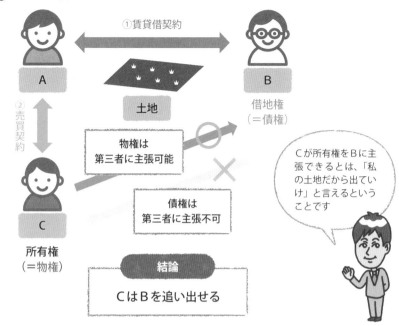

◎ 賃借権の物権化

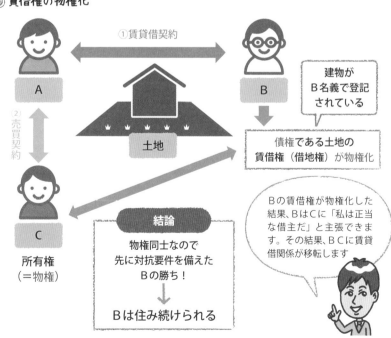

借りている家を他人に貸すことはできる？

貸主の承諾の有無、また貸している相手が
親族か否かで異なります

　AがBに建物を貸しています。Bは、Aの承諾を得て、Cに**転貸**（また貸し）することができます。その場合、AB間の賃貸借契約と、BC間の賃貸借契約（転貸借契約といいます）の**2本の契約が存在**することになります。

　一方、Bは、Aの承諾を得て、賃借権（借主の地位）をCに譲渡することができます。その場合、AB間の賃貸借契約は終了して、AC間に賃貸借契約関係が移転することになります。したがって、契約は1本のみです。

　貸主の承諾なく転貸や賃借権の譲渡が行われた場合、貸主は原則、借主との賃貸借契約を解除できます。ただし、転貸が同居の親族に対して行われたなど、貸主と借主の信頼関係を破壊していない（「**背信行為**と認めるに特段の事情がない」とも表現されます）場合は、例外的に解除できません。

「借地借家法」では、民法よりも借主が保護される

　建物を所有する目的で土地を借りる場合（賃貸借契約と地上権設定契約の双方を含む）と、一時使用目的以外で建物を借りる場合は**借地借家法**が適用されます。借地借家法が適用されると、民法よりも借主が保護されます。なお、一時使用目的の典型例は、選挙事務所にすることです。

　借地借家法が適用されると、たとえ賃貸借契約の期間が満了しても、更新拒絶の正当理由がないかぎり、契約が更新されるのが原則です。ただ、「3年間、一時的な地方転勤の間だけ家を貸したい」といったニーズがあるので、契約の更新がない**定期借家権**という特殊な借家契約が規定されています。

　なお、転貸借はサブリースともいいます。コピー機などの物品をA社が購入し、B社に貸し付けることをファイナンスリースといいます。賃貸借の一種ですが、経済的実体としてはB社がコピー機を分割払いで買ったことに近いので、金融の要素が強いです。

◎ 転貸

賃貸人A

①賃貸借（原賃貸借）

賃借人B　（＝転貸人）

承諾あり

AB間とBC間の
2本の契約が
ある

②賃貸借
（転貸借）

いわゆる「また貸し」です。
たとえば、原賃貸借の賃料が
月10万円、転貸借の賃料を月
12万円のように設定して、差
額を転貸人が取得します

転借人C

◎ 賃借権の譲渡

終了

①賃貸借（原賃貸借）

賃貸人A

承諾あり

移転

B

②賃借権の
譲渡

③賃貸借

賃借権の譲渡の場合、
原賃貸借は終了します。
残る賃貸借は1本のみ
です

C

19 手形・小切手のしくみ

商法はビジネス法務では欠かせない法律。
まずは手形や小切手の規定から押さえよう

実務では注意が必要な商法

　商人間の取引などには、民法の特別法である**商法**が適用されます。**実務では常に注意が必要な法律**といえます。

　また、手形法や小切手法では、企業間の代金決済として伝統的に使われてきた手形と小切手について規定しています。

手形・小切手の種類と特徴

　次の3種類について、それぞれどういうものか、見ておきましょう。

❶約束手形：ある人（振出人）が別のある人（受取人）に対し、一定の金銭を一定の期日に支払うことを約束する証券のことです。振出人が商品を購入したり、材料を仕入れた代金を支払ったり、金銭を借り入れたりするために使われます。

　なお、証券上で、債権者が弁済受領者として指定した人を指図人といいます。要するにお金を実際に受け取る人なので、受取人と一致します。

❷為替手形：ある人（振出人）がある人（支払人）に対して、別のある人（受取人）への支払いを委託する証券をいいます。古くは、海外など遠隔地への送金手段として使われていました。

❸小切手：為替手形と同様に、振出人が支払人（名宛人）に対して、一定期日に一定金額を受取人に支払うよう委託した証券をいいます。通常、銀行に持っていって現金と交換するため、現金の代用という意味合いが強いです。小切手の支払人は、銀行（信用金庫等も含む）にかぎられます。

　約束手形と為替手形は手形法に、小切手は小切手法に規定があります。また、商法には、売買の特則など、民法を修正するような各種の規定が置かれています。

◎ 約束手形

後で払いますね

① 振出し　**約束手形**

② 呈示すると支払い
　を受けられる

約束手形

A
振出人（発行者）

B
受取人（指図人）

「約束手形」とは？

振出人が受取人（指図人）
に対し、一定の金銭を一定の
期日に支払うことを約束する証券

通常はAの当座預金
（決済用の口座）があ
る銀行に呈示します

◎ 為替手形

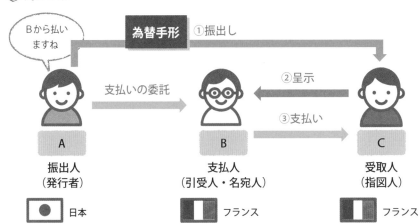

Bから払い
ますね

為替手形　① 振出し

支払いの委託

② 呈示

③ 支払い

A
振出人
（発行者）

B
支払人
（引受人・名宛人）

C
受取人
（指図人）

🇯🇵 日本　　🇫🇷 フランス　　🇫🇷 フランス

「為替手形」とは？

振出人が支払人に対して、
受取人（またはその指図人）への
支払いを委託する証券

現金を日本から外国に送るの
は、銀行振込み等がなかった
頃には危険でした。現金の代
わりに手形を送ることで決済
していたのですね

法律の分類

　公法とは、**国および公共団体と私人の関係を規制する法**のことをいいます。憲法や刑法、行政法などです。刑法は、国家が私人を処罰する根拠となる法律です。一方、私法とは、**私人間の関係を規制する法**のことをいいます。民法や商法などが具体例です。労働法などは、労働規制と、使用者と労働者との契約の側面もあるので、**公法と私法の側面**があります。このような法律を社会法と分類することもあります。

　また、実体法と手続法という分類もあります。実体法とは、**権利義務、犯罪の要件とその効果など、実質的な法律関係の内容を定める法**のことで、民法や商法が具体例です。

　手続法とは、実体法に定められた法律関係を実現するための**訴訟などの手続き**について定めた法のことで、民事訴訟法が具体例です。

　なお、**法律上のトラブルを**、（話し合いではなく強制的に）**自力で解決することは禁止**されています（自力救済禁止原則）。盗まれたものを自分で取り返すのはダメで、**警察や裁判を使わなければならない**のです。

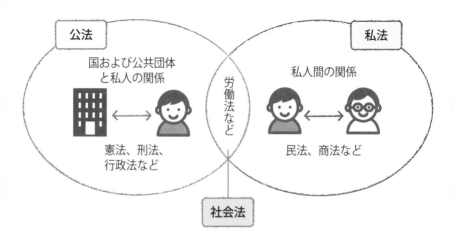

第 **2** 章

不当利得・
事務管理・不法行為

交通事故の被害者は、加害者に治療費などの
損害賠償請求をすることができます。
この2人に契約関係はありません。
ここでは契約がないのに、債権が発生する
3つの事柄について学びます。

01 「不当利得」で取られた お金は「返せ」と言える！

「占有あるところに所有あり」の民法では
盗んだ金は犯人のもの。被害者の対抗策は？

　民法では、「**金銭は占有あるところに所有あり**」とされています。「金銭の所有権は、実際に持っている人にある」という意味です。お金の所有者をいちいち調べるのは大変なので、持っている人の所有にして、後始末を不当利得に委ねます。

金銭が盗まれたときに主張できること

　AがBの持っている1,000円札（記番号××）を盗みました。「金銭は占有あるところに所有あり」というルールから、この場合、1,000円札（記番号××）の所有権はAに移ります。

　しかし、このままではAが不当に利得を得ていることになるので、BはAに1,000円分の**価値を返す**ように言うことができます。

　「価値」を返すとは、AがBにその1,000円札（記番号××）そのものを返す代わりに、別の1,000円札や銀行振込みなどによって1,000円分の価値を返すことをいいます。

「盗んだ金を返せ」と主張するのにも要件がある

　一般に、XがYに不当な利得を返還するように求める、すなわち**不当利得返還請求**をするためには、次の要件が必要になります。

① Yに利得があること

② Xに損失があること

③ ①と②の因果関係（Yの利得とXの損失につながりがあること）

④ Yの利得に、法律上の原因がないこと

　契約を取り消した場合、原則として契約前の状態に戻せ（原状回復請求）と言えます。典型例が、詐欺取消後に代金を返すように請求するケースです。

◎ 詐欺取消後の返還請求

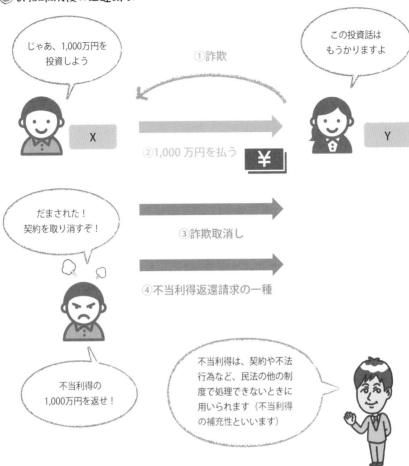

 各種契約を学ぼう❹

結果が出なくても報酬は出る「委任契約」

委任契約とは、当事者の一方（委任者）が法律行為をなすことを相手方（受任者）に委託し、相手方が承諾することで成立する契約です。弁護士に裁判の代理を頼む、不動産業者に土地の売却の代理を頼む、などが典型例です。契約の定め方によりますが、結果を出さなくても報酬が発生するのが一般的です。報酬を定めなければ無報酬ですが、その場合も受任者は委任者に費用（実費）は請求できます。なお、受任者は善管注意務を負います。

02 契約なしに親切心からする 行為が「事務管理」

留守中の隣人宅を台風が直撃。勝手に家を修理
するのは不法侵入？

　Aの家の隣に、Bが住んでいます。Bがイタリア旅行に行って1か月家を留守にしている間、大きな台風が来て、B宅の窓が壊れてしまいました。Aは、親切心から勝手にBの家に入り、業者に頼んで窓を修理してあげました。このとき、AとBの間に契約はないので、AはBに家を修理した報酬等を請求できません。

　しかし、Aが修理の実費まで請求できないというのはかわいそうなので、AはBに、自分が支出した有益な費用を請求できるとしています。

　また、AがBの家に入ったことは、普通なら**不法侵入**となり、**不法行為**（62ページ）となりますが、今回はAがBのために行ったので、不法行為となりません。

　このように、契約がないのに親切心からする行為を**事務管理**といい、事務管理が成立すると、修理にかかった費用を請求できたり、不法行為にならない場合もあります。

「事務管理」として認められる要件は4つ

　事務管理となる要件としては、次の4つが挙げられます。以下、①②の「他人」と④の「本人」はいずれも、上のケースの場合、Bのことです。

①他人の事務を管理すること

②他人のためにする意思を有すること

③法律上の義務がないこと：たとえば、Bの留守中にAが家を管理するという約束や契約をしていれば、Aには法律上の義務があることになります。そのような義務がないということです。

④「本人の意思に反することおよび本人に不利益であること」が明らかでないこと

◎「事務管理」として認められると…

A

Bの留守中に
Aが勝手に修理

B宅

「事務管理」として認められる要件は？
①他人の事務を管理すること
②他人のためにする意思を有すること
③法律上の義務がないこと
④「本人の意思に反することおよび本人に不利益であること」が明らかでないこと

認められると…

A

①修理代（実費）を請求できる

②侵入したことが
不法行為にならない

B

各種契約を学ぼう❺

金銭の貸し借りを行う「消費貸借契約」

消費貸借契約とは、当事者の一方が相手方から金銭その他の代替物を受け取り、これと同種・同等・同量の物を返還することを約することによって成立する契約です。
AがBに1万円貸したとしても、Bは同じ1万円札を返しません。
Bは1万円札を使って、別の1万円札を調達してAに返すでしょう。
お金を貸し借りする契約は、消費貸借契約です（より正確には、金銭消費貸借契約といいます）。なお、銀行にお金を預ける契約は、寄託契約の一種で「消費寄託契約」といいます。

不法行為❶

損害賠償請求が
できるための5つの要件

事故の被害者でも、過失責任の原則により
損害賠償が請求できない場合があります

　Yは自転車でわき見運転をして、Xをはねてしまい、全治1か月のケガを負わせてしまいました。当然、Xは治療費や、入院して働けなくなった分の給与（逸失利益といいます）をYに請求できます。この請求の根拠を**不法行為**といいます。

　この例で、XがYに不法行為に基づく損害賠償請求をするための要件は次のとおりです。

①Y（行為者）に故意または過失があること

つまりYがわざと、またはYのミスで許されない行為をしたこと。

②Xの権利や法律上の利益が侵害されたこと

③Xに損害が発生したこと

④行為（①）と損害（③）の間に因果関係があること

⑤Yに責任能力があること

　なお、故意または過失がないかぎり責任を負わないことを、**過失責任の原則**（過失責任主義）といいます。これは**民法全体を支配する原則**です。

不法行為をしても、こんな場合は責任を負わない

　不法行為責任を負うためには、つまり、不法行為をしたから損害賠償を払う義務を負うためには、自分が何をしているかがわかる能力（**責任能力**といいます）が必要です。責任能力は、小学校卒業程度で備わるとされています。

　一方で大人でも、泥酔していたり、重度の精神病疾患にかかっていたりする場合は、責任能力がないと判断されることもあります。

　さらに、たとえばAが殴りかかってきたからBが反撃した場合のように、自分の権利利益を守るための**正当防衛**が成立するときは、不法行為責任を負いません。したがって、BはAの治療費を払わなくてかまいません。

◎ 交通事故で損害賠償請求できる要件は?

要件①
Yに故意または過失がある
＝わき見運転

要件②、③
Xの身体が害され（②）、
Xに損害が発生（③）
＝ケガ、治療費等の発生

X　　　　Y

要件⑤
Yに責任能力が
ある

要件④
行為（①）と損害（③）の
間に因果関係がある

X
損害賠償請求 →
Y

自動車事故の場合は自
賠法という特別法があ
ります（72ページ）が、
基本的な考え方は同じ
です

（72ページ）

 ワンポイント

ローン金利の上限などを定める「利息制限法」

金銭消費貸借契約において、民法上の上限金利はありません。ただ
し、利息制限法が上限金利を定めており、これを上回る金利の部分
は無効になります。また、貸金業者等が金銭の貸付けを行う場合、
年利率は20％が最高限度となり、これを超える高利で貸付けをし
たり利息を受け取ったりすると、刑事罰が科されます（出資法）。

損害賠償では
何が請求できる？

交通事故なら通院費や慰謝料などが
請求できますが、過失相殺で減額されることも

　不法行為が成立すると、損害賠償を請求することができます。つまり、お金の問題になるわけです。

　交通事故の損害賠償を例にして考えてみましょう。損害賠償には、かかった治療費や通院費などの財産的損害はもちろんのこと、精神的苦痛に対する慰謝料も入りますし、**逸失利益**（ケガをして働けなくなったために得られなかった給与等）などの消極的損害も含まれます。

　一方、「壊れたものを元に戻せ」という**原状回復請求**は認められません。あくまで、お金の問題にするということです。

会社には従業員の安全に配慮する義務がある

　建設業であるY社が安全対策を十分に取らなかったので、従業員Xが業務中にケガをしてしまいました。Xは、Y社に対して**不法行為に基づく損害賠償請求**をすることができます。また、Y社には従業員の安全に配慮する義務（債務）がありますので、**安全配慮義務違反**ということで、XはY社に対し、**債務不履行に基づく損害賠償請求**もできます。

　2つとも裁判で請求できますが、損害賠償の二重取りはできません。2つの違いについては次の項目（66ページ）で解説します。

　なお、上記の例で、Xの損害は100万円だったものの、Xにも不注意があり、裁判ではXとY社の過失割合が3対7になったとします。そうすると、XはY社に損害賠償を請求できるのですが、Xにも3割の過失があったとして、損害賠償は70万円となります。これを**過失相殺**といいます。

　過失相殺するにあたってXに責任能力は不要ですが、事理弁識能力は必要です（12歳くらいの知能）。また、Xが得をした場合は（Xが死亡した場合で生活費が浮いたなど）、その金額は控除されます（損益相殺）。

◎ 安全配慮義務違反と不法行為の例

> ケース
>
> 建設業であるＹ社が安全対策を十分に取らなかったので、
> 業務中に鉄筋の山が倒れ、従業員Ｘがケガをしてしまった

Ｘ

損害賠償請求

Ｙ社

・治療費
・逸失利益
　（休業中に得られたはずの給与など）
・慰謝料
・その他

安全配慮義務違反

> ＸはＹ社に対し、
> 不法行為責任でも
> 債務不履行責任でも
> 追及できる

名誉毀損については、謝罪広
告（新聞等に広告を出し、被
害者の名誉を毀損したことに
つき陳謝の意を表明する等）
を出すよう請求できます

実務では労災を別途、
検討しなければならな
いときもあります

Check Test

内容が正しければ○を、誤っていれば×をつけなさい。

Ａ社がＢ社に建物を貸している。Ｂ社が賃借権をＣ社に譲渡すると、
Ａ社がＢ社に建物を賃貸し、Ｂ社がさらにＣ社に転貸している状態
となる。

答え　×（53 ページ）

不法行為と債務不履行、どちらで損害賠償請求すべき？

同じ損害賠償請求でも、
立証責任などで異なる点があります

　64ページで取り上げた、建設業Y社が安全対策を十分に取らなかったため、従業員Xが業務中にケガをした例について再び考えましょう。

　XがY社に、**不法行為に基づく**損害賠償請求をする場合は、XがY社の故意・過失を主張、立証しなければなりません。つまり、裁判で、XがY社の故意・過失を証明できなければ、Xが負けてしまい、損害賠償を取れなくなってしまいます。

　一方、XがY社に、安全配慮義務違反があったとして**債務不履行に基づく**損害賠償請求をするときは、XはY社の帰責事由（故意・過失）を主張、立証する責任はありません。債務者であるY社が自分の義務を果たすのは当然ですので、Y社は自社に帰責事由（故意・過失）がないことを立証することで初めて、損害賠償責任を免れることになります。

不法行為責任はいつ時効を迎えて消滅するのか？

　不法行為責任は、加害者および損害を知ったときから**3年**を経過すると、消滅します。すなわち、損害賠償請求できなくなるわけです。不法行為のときから20年を経過したときも、同様に消滅します。一方、債務不履行責任の**消滅時効は原則5年**です。

　ただし、64ページの例のように、被害者が身体や生命を損傷した場合の時効は、不法行為でも債務不履行でも5年となっています。

履行遅滞に陥る時期と遅延損害金はどう定められている？

　それぞれの責任は、履行遅滞に陥ると、**遅延損害金**（利息のようなもの）を、本来の損害額に加えて請求できます。債務不履行の場合は、債権者が請求した日から遅滞に陥り、年3％（実勢金利に合わせて改定）を請求できます。

◎ 不法行為と債務不履行、それぞれに基づく損害賠償請求

不法行為に基づく損害賠償請求

　XがY社の故意・過失を立証できないと…

➡ **Y社は損害賠償責任を免れる**

債務不履行責任に基づく損害賠償請求

　Y社が自社に帰責事由（故意・過失）がないことを立証できれば…

➡ **Y社は損害賠償責任を免れる**

	不法行為	債務不履行
帰責事由（故意過失）の有無の立証責任	債権者（被害者）	債務者
損害賠償債権を受働債権とした相殺の可否	不可 （悪意によるまたは人の生命・身体侵害の場合）	可 （相殺・受働債権については130ページ）
消滅時効期間	①損害および加害者を知ったときから3年（人の生命または身体を害する場合は5年） ②不法行為時から20年	①権利を行使できることを知ったときから5年 ②権利を行使できる時から10年（人の生命または身体を害する場合は20年）
過失相殺	過失を「考慮して、損害賠償の額を定めることができる」→裁判所は考慮してもしなくてもよいが、額をゼロにはできない	過失を「考慮して、損害賠償の責任及びその額を定める」→裁判所は必ず考慮、額をゼロにもできる
損害賠償請求権の遅滞時期	不法行為時	請求時

※両方が成立する場合、債権者（被害者）はどちらも主張できる

06 親が負う「監督義務者の責任」、雇用者が負う「使用者責任」

親は責任能力のない子の、企業は従業員の
不法行為に責任を負う必要があります

　幼稚園児Bが、親Aの車をいたずらで運転して発進させてしまい、Cの家を壊してしまったとします。Bは幼稚園児で責任能力がないので、B自身に不法行為責任が成立することはありません。しかし、それでは被害者Cがあまりに気の毒なので、親Aなどの**監督義務者**が損害賠償責任を負い、Cにお金などを払うことになっています。これが**監督義務者の責任**です。

　ただし、監督義務者Aが監督を怠らなかったこと、または監督を怠らなくても損害が生じたこと（損害発生が避けられなかったこと）を立証すれば、賠償責任を負いません。

企業が従業員の不法行為に責任を負う「使用者責任」

　A社の従業員Bが、業務中にCに詐欺を働き、Cに1,000万円の損害を発生させました。このとき、CはBに対し、一般不法行為による損害賠償請求をすることができます。そして、Bを使用しているA社にも、損害賠償請求ができます。このように、被用者が不法行為をした際、使用者も同時に責任を負うことを、**使用者責任**といいます。

　ただし、使用者であるA社が、被用者Bの選任・監督に相当の注意をしたこと、または相当の注意をしても損害が生じたことを立証すれば、A社は責任を免れることができます。

企業は不法行為を働いた従業員に賠償金の一部負担を求められる

　上記の例で、A社がCに1,000万円の損害賠償を支払ったとしましょう。でも、最終的に悪いのはBなので、A社はBに負担分を支払うように請求できます。これを**求償**といいます。

　ただし、全額は求償できず、**信義則上相当な範囲**にかぎられます。

◉ 監督義務者の責任

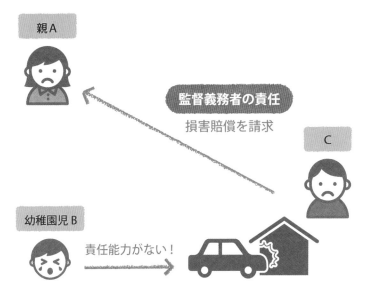

親A

監督義務者の責任
損害賠償を請求

C

幼稚園児B
責任能力がない!

◉ 使用者責任

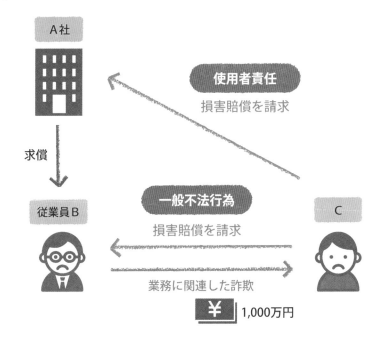

A社

使用者責任
損害賠償を請求

求償

従業員B

一般不法行為
損害賠償を請求

C

業務に関連した詐欺

¥ 1,000万円

07 「工作物責任」 「共同不法行為」とは？

カフェの看板が落ちて通行人にケガをさせたら、
責任を負うのはカフェ？　ビルのオーナー？

　A社が所有していて、B社が管理（**占有**）しているビルの看板が落ち、C
がケガをしました。この場合、まずCは、占有者であるB社に損害賠償請求
をすることができます。

　そして、仮にB社がきちんと管理していた、すなわち自社に故意・過失が
ないことを証明すれば、B社は損害賠償をする必要はありません。この場合、
所有者であるA社が損害賠償をすることになります。**所有者は、故意・過失
がなくても責任を負う**（無過失責任といいます）ので、これは過失責任原則
の例外となります。

　このように、土地の工作物（土地に接着して築造した設備、建物や塀など）
に由来して損害を負ったものは、工作物の占有者または所有者に損害賠償請
求ができます。これを「**工作物責任**」といいます。

「一緒に行う」という合意がなくても成立する「共同不法行為」

　A社とB社は有害な物質を川に流しており、その有害物質でCが病気にな
り、300万円の治療費がかかりました。この場合、客観的に見て、A社とB
社が共同して不法行為をしていると考えられるので（たとえ、A社とB社の
間に有害物質を流すことへの合意がなくても）、A社とB社の行為に**共同不
法行為**が成立します。

　そして、共同不法行為が成立すると、被害者であるCは全額である300
万円をA社に請求してもよいし、B社に請求してもよいことになります。**加
害者それぞれに全額請求できる**のが、共同不法行為のポイントです（不真正
連帯債務といいます）。A社とB社両方を裁判で訴えて請求してもよいです
が、最終的にCが手に入れられるお金は300万円です。そこで実際は両者
を訴えて、お金を回収しやすいほうから得ることになります。

◎ 共同不法行為

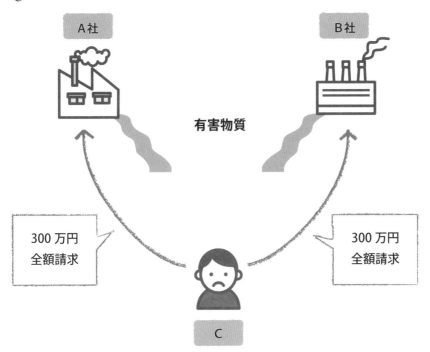

A社 B社

有害物質

300万円
全額請求

300万円
全額請求

C

A社とB社の間に共同で実行する意思がなくても、
客観的に見て共同で不法行為を行い、Cに損害を加えている

↓

CはA・B両社に損害賠償請求できる

Check Test

内容が正しければ○を、誤っていれば×をつけなさい。

XがYに不法行為に基づき損害賠償請求をする場合、Yに故意や過
失があったことは、Xの側で立証しなければならない。

答え ○（66ページ）

08 ビジネスに欠かせない 3つの民法特別法

店舗から失火！　製品の欠陥で顧客がケガ！
さまざまな場面で必要な法律を押さえよう

そのほかに、ビジネス実務法務上、押さえておきたい民法の特別法として下記の法律が挙げられます。

❶失火責任法

日本は木造住宅が多いので、失火した場合、多くの家が燃えることになります。そのため、不法行為が成立すれば、莫大な損害賠償責任を負うことになります。それでは気の毒なので、失火の場合は、軽い過失では不法行為責任は成立せず、重い過失（**重過失**）の場合のみ不法行為責任が成立することになっています。

❷製造物責任法（PL法）

A社が製造した電子レンジの欠陥で、Bがケガをしました。BはA社の故意または過失を立証すれば、一般不法行為による損害賠償請求ができます。しかし、工業製品の製造過程の過失を立証するのはほぼ不可能です。

そこで、PL法は、製造業者等が製造物の欠陥によって、他人の生命・身体・財産を侵害した場合は、たとえ故意または過失がなくても、これによって生じた損害を賠償しなければならないと定めました。**無過失責任**という点がポイントです。なお、欠陥とは「製造物が通常有すべき安全性を欠いていること」をいいます。そして、製造物が引き渡された時点の科学技術水準において製造業者等が欠陥を認識できなかった場合は、製造業者等は免責されます（**開発危険の抗弁**といいます）。また、「製造業者等」とは製造業者・加工業者・輸入業者等を意味し、**流通業者や販売業者は製造業者等にあたりません**。

❸自動車損害賠償保障法（自賠法）

自賠法は、**強制保険（自賠責）への加入**を自動車運転者等に義務付け、被害者保護を図っています。また、ひき逃げ被害者等に補償するために、**政府による自動車損害賠償保障事業**を規定しています。

◎ 交通事故の損害賠償請求と3つの免責事由

タクシー運転手Y

X

不法行為に基づいて
損害賠償請求

タクシー会社Z

使用者責任または自賠法に基づいて
損害賠償請求

運行供用者

運行供用者の3つの免責事由

①自己（運行供用者）および運転者が自動車の運行に関し注意を
怠らなかったこと

②被害者または運転者以外の第三者に故意または過失があったこと

③自動車に構造上の欠陥または機能の障害がなかったこと

これら3点を満たせば、賠償しなくてよい

自賠法で責任を負う運行供用者 = 自己のために自動車を運行の用に供する者

・車の所有者、他人の車を自分のタクシー事業のために使っている者
→運行供用者にあたる

・バス会社に勤めているバス運転手
→運行供用者にあたらない

コラム2 日本の法体系を把握しよう

　法、すなわちルールには種類があります。代表的なものが、国会が作ったルールである「法律」と、国の根本的なルールである「憲法」です。**憲法のほうが法律より上位**にあるので、憲法の規定と法律の規定が**矛盾したときは、憲法の規定が優先**することになっています。

　また、法は「成文法」と「不文法」という分け方もできます。

　成文法（制定法）とは、**公的機関によって制定され、文章の形に表現された法律**です。日本の法のほとんどは成文法ですが、慣習法などの不文法も、例外的な場合にかぎってルールとして通用します。慣習法とは**慣習が法律となった不文法**で、たとえば、「内閣の閣議は全会一致による」などがあります。

　また、**行政機関が国会の委任を受けて、法を作る**ことがあります。これを行政立法といいます。大まかなことは法律で定め、細かい決まりを行政機関が作ることはよくあります。たとえば、訪問販売を規制しているのは、特定商取引法という法律ですが、細かいことは特定商取引法施行令という政令が定めています。ビジネス実務法務では、関連する行政立法があるのか調べる必要があります。

　最後に成文法についてまとめておきます。

- **成文法（行政立法）の種類**
  政令…内閣が制定した法規範
  省令…各省の大臣が主任の行政事務について制定した法規範
  命令＝政令＋府省令等　　法令＝法律＋命令

- **成文法の階層構造**
  成文法同士が矛盾した場合の優先順位は以下のとおりです。
  憲法＞法律＞命令＞条例
  政令＞省令

第 3 章

法人と会社

> この章では、法人と会社のしくみに関する
> 法律について学びます。
> 企業法務で最も大切なテーマの一つです。
> 複雑なので、まずは大まかに
> しくみを捉えましょう。

01 法律で認める２つの人格、「自然人」「法人」とは？

人も会社も１人格として法的な権利と義務がある。別人格として設定するメリットとは？

すべての自然人は平等に権利能力を持つ

法律用語では、私たち生身の人間のことを**自然人**といいます。現代社会では奴隷制度は認められず、すべての自然人は権利を持ち（例：土地という財産を所有する権利）、義務を負います。この権利や義務を有する能力を**権利能力**といいます。**すべての自然人は平等に権利能力を有する**ことを権利能力平等の原則といいます。

一方、法律上、権利を有したり、義務を負ったりすることができる団体等を**法人**といいます。たとえば、株式会社 KADOKAWA という会社は、土地を自らの名前で所有することができます。このように、法人が人格（権利や義務を持てるという意味）を持っていることを、「**法人格を持つ**」と表現します。

法人を作る意義とは？

Ａという個人が新しく事業を始めようと考えました。しかし、もし事業が失敗すると、Ａが無限に責任を負うことになります（**無限責任**＝事業の失敗のお金をすべてＡさんの財産から支払うということ）。

そんなときに、Ｂ株式会社という法人を作ると、これはＡとは別の人格ですから、Ｂ株式会社は独自の財産を持てますし、失敗したときの債務もＢ株式会社が負い、Ａは原則負いません。ビジネスに失敗はつきものですが、個人とは別の人格である法人を作ることによって、失敗したときのリスクを減らすことができます。

また、個人よりも法人のほうが会計等に透明性がありますので、出資者を募りやすいのも法人の特長です。

◎ 法人をつくる意義—会社の借金は個人の借金ではない

別の人格

B 株式会社

代表取締役 A

A 個人

貸し付けた
1,000万円をB社に請求

X 銀行

BANK

個人には請求できない

会社を設立することで、
安心してビジネスに取り
組むことができます

　各種契約を学ぼう❻

使用の対価を支払わない「使用貸借契約」

使用貸借とは物を無料、もしくは相場よりもかなり安く貸す契約を
いいます。車を無料で貸す契約が典型例です。無料で貸しているの
で、修理費やメンテナンス費用など通常の必要経費は借主が負担し
ます。

02 契約締結に欠かせない「意思能力」「行為能力」とは？

意思能力は自分の行為の意味や結果がわかる力、
行為能力は一人で自由に契約を締結できる力

　契約は、いったん締結すると、契約どおりのことをしなければならない責任を負います（**契約の拘束力**）。人は自由な意思で契約を締結したのであれば、契約を履行（実行）する責任を負うのです。逆に言うと、自由な意思で契約したのでなければ、契約から生じる責任を負ういわれはありません。このように、**自分の行った行為の意味や結果がわかる能力**を意思能力といいます。意思能力のない者（幼児、泥酔者など）がした契約は無効です。

　ただ、意思能力の有無を外から判別するのは難しい場合もあります。たとえば同じ年の子どもでも、売買契約の意味がわかる子も、わからない子もいるでしょう。契約の意味がわかる人だけ契約を有効にし、他は無効とするなら、取引は難しくなります。そこで、未成年者等は一律に自由に契約できないこととしました。このことを、「行為能力が制限されている」と表現します。逆に言うと、**行為能力**とは**一人で自由に契約を締結できる能力**のことです。

制限行為能力者とは

　民法では、単独では契約などの法律行為を完全には行えない者を**制限行為能力者**とし、①**未成年者**、②**成年被後見人**、③**被保佐人**、④**被補助人**として規定しています。

　未成年者は18歳未満の者です（2022年4月から民法改正により20歳より引下げ）。他の3つは、精神の障害によって**事理を弁識する能力**（物事を認識し、判断する能力）が不十分または欠けていて、家庭裁判所の審判を受けた者をいいます。障害の度合いは成年被後見人が一番重く、被保佐人、被補助人と軽くなっていきます。次の項目（80ページ）で詳しく述べますが、制限行為能力者が契約などの法律行為を行う場合、保護者の同意が必要です。ただし、成年被後見人は、保護者の同意があっても一人では契約できません。

◎ 意思能力

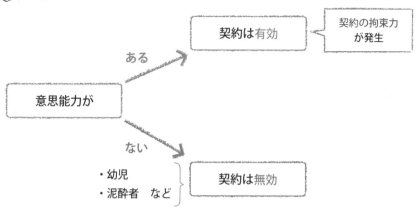

◎ 制限行為能力者

制限行為能力者	要件	保護者
未成年者	18歳未満*の者	親権者または 未成年後見人
成年被後見人	精神上の障害により事理を弁識する能力 を欠く常況にある者＋後見開始の審判	成年後見人
被保佐人	精神上の障害により事理を弁識する能力 が著しく不十分な者＋保佐開始の審判	保佐人
被補助人	精神上の障害により事理を弁識する能力 が不十分な者＋補助開始の審判	補助人

*2022年4月以降、民法改正により20歳から引下げ

成年被後見人、被保佐人、被補助人となるためには、必ず家庭裁判所の審判が必要です

03 「制限行為能力者」が 契約を結ぶ際のポイント

制限行為能力者は保護者の同意なしに契約
できず、保護者は契約の取消しなどもできる

　ここでは、制限行為能力者の契約について、未成年者を例に見ていくことにしましょう。

未成年者の保護者は原則、親権者である

　未成年者の保護者は、79ページの表にあるように、原則として親権者、親権者がいない場合は未成年後見人です。未成年者の保護者には、まず、**同意権**があります。たとえば17歳のAがバイクを買うことに、保護者である親Bが同意すると、未成年者はバイクを買うことができます。

　一方で、AがBの同意を得ずにバイクを買ってきた場合、保護者Bは、契約を取り消すことも（**取消権**）、追認して有効なものにすることも（**追認権**）できます。ただし、いったん追認すると、取り消すことはできなくなります。なお、保護者Bの同意を得ずにAが契約を締結してきた場合、未成年者A自身も取消しができます。

　保護者Bは、Aの代わりにバイクを買ってくることもできます（**代理権**）。

未成年者が年齢を偽って結んだ契約は取り消せない

　ただし、未成年者が偽りを言って契約した場合には、契約の取消しはできません。たとえば、未成年者Aが偽造した免許証を提示して、年齢を偽ってバイクを購入した場合（**詐術**）、Aもその保護者も契約を取り消せません。**取引の安全を保護する**ためです。これは、未成年者だけでなく、制限行為能力者一般に当てはまるルールです。

　なお、未成年者であることを黙っているだけでは詐術にはあたりませんが、他の行動とあいまって成年者であるとの誤信を深めさせた場合には詐術に当たるとした判例があります。

◎保護者の権限

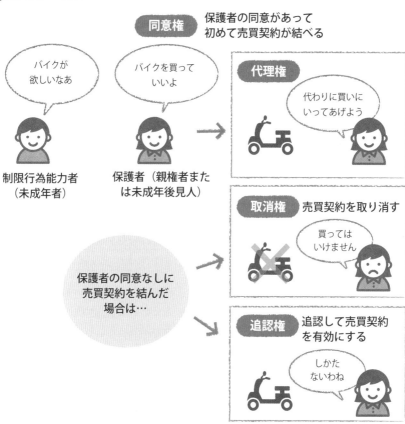

	親権者・ 未成年後見人	成年後見人	保佐人	補助人
同意権	○	×	○	△
取消権	○	○	○	△
追認権	○	○	○	△
代理権	○	○	△	△

※○が権限あり。×がなし。成年被後見人は同意の意味がわからないくらい事理弁識能力がないので、保護者が同意しても、契約を取り消すことができる。

※△は家庭裁判所が認めた場合のみ。

04 「法人」のさまざまな分類を知ろう

法人には大きく「営利法人」と「非営利法人」があり、さらに多くの形態に分かれる

　法人には、さまざまなものがあります。株式会社、一般社団法人、特定非営利活動法人（NPO 法人）などです。事業を行うにあたっては、その事業の形態にふさわしい法人の形を選択する必要があります。法人はまず、**営利法人**と**非営利法人**に分類できます。

利益をメンバーに分配するのが「営利法人」、しないのが「非営利法人」

❶**営利法人**：構成員（法人のメンバー、社員）に利益を分配する法人です。たとえば、株式会社のメンバーは株主です。株主は、毎年、会社の利益を配当金という形で受け取っています。営利法人の代表が会社で、これには**株式会社**、**合同会社**、**合資会社**、**合名会社**の 4 種類（84 ページ）があります。

　なお、法律用語でいう「社員」とは、法人（社団）の構成員のことであって、従業員のことではありません。日常用語の「社員」と意味が違うので注意してください。

❷**非営利法人**：構成員に利益を分配しない法人です。一般社団法人、一般財団法人、特定非営利活動法人（NPO 法人）などがあります。一般社団法人は人の集まりで、非営利ではありますがさまざまな事業が行えます。財団法人は財産の集まりです。

　構成員に配当金は出せませんが、従業員に給与を支給したり、役員に報酬を支払うことは可能です。ただし、法人形態ごとに細かい規制があります。

法人ではないが事業を行う「組合」

　法人ではありませんが、各人が資金や労務を出し合って共同事業を行うグループのことを組合といいます。ジョイントベンチャー（企業が共同で工事を施工する等）は組合の一種です。

◎ 営利法人とは

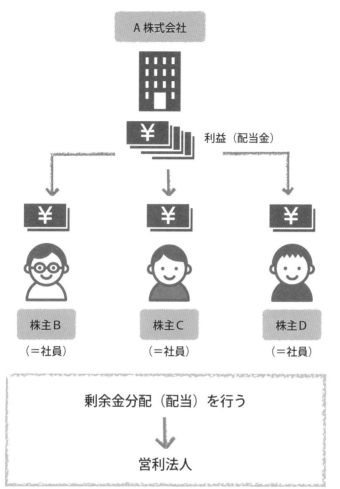

A 株式会社

利益（配当金）

株主B
（＝社員）

株主C
（＝社員）

株主D
（＝社員）

剰余金分配（配当）を行う

↓

営利法人

各種契約を学ぼう❼

医療や業務委託で用いられる「準委任契約」

法律行為ではない事務を委任する契約を準委任契約といいます。医師から診療を受ける医療契約が典型例です。準委任契約には、委任の規定が準用されます。ビジネスでよく見る業務委託契約は、結果を出す保証があれば請負契約、保証がなければ準委任契約であることが多いです。

05 営利法人の代表格、「会社」には４種類ある

会社の４タイプ、株式・合同・合資・合名、
それぞれの特徴を押さえよう

　会社には、大きく分けて株式会社と持分会社があります。持分とは、いわば会社の所有権のことをいいます。株式会社では所有権と経営権が分離していますが、持分会社ではオーナー（所有権者）が経営権も保有していることが一般的です。

株式会社と持分会社の特徴を知ろう

❶株式会社

　有限責任社員である株主のみが構成員となる会社です。**有限責任**とは、自分の出資額以上の責任を負わないということです。たとえば、100万円を出資して10株を取得した株主は、会社が倒産しても、出資額の100万円は損をするかもしれませんが、それ以上の責任は負いません。

　また、株主は、会社に利益が出ると、配当金を受け取ることができます。株式会社はプロの経営者が会社を経営し、株主は大事なこと以外は口を出さない形態です（**所有と経営の分離**）。

❷持分会社

　持分会社の場合、社員（メンバー）は株式ではなく、**持分**を有します。株式会社は株式を他人に譲渡することができますが、持分会社は**持分の譲渡が困難**です（他の社員全員の同意が必要）。持分会社の形態は顔を知っている者同士の会社経営に用いられ、また社員が会社を直接経営することが想定されています（**所有と経営の一致**）。そして、社員の性質によって、持分会社は次の３つに分けられます。

・**合同会社**　すべての社員が有限責任（有限責任社員）です。

・**合資会社**　有限責任社員と無限責任社員（76ページ）からなります。

・**合名会社**　すべての社員が無限責任（無限責任社員）です。

各種の会社の比較

	株式会社	合同会社	合資会社	合名会社
社員の種類	有限責任	有限責任	有限責任 ＋無限責任	無限責任
株式（持分）の譲渡	原則、自由	原則、他の社員全員の同意が必要		
会社のしくみに関する規制	定款自治が認められているが、法律による規制もある	定款自治		
取締役の任期	最長10年（譲渡制限の場合）	規制なし ※取締役はないが、代表社員などを定めることができる		
株式の公開	可能	不可能		

株式会社は大規模な資本を集めることが可能です。一方、持分会社は小規模な資本を集めることが想定されています

ワンポイント

会社に認められている「定款自治」とは？

定款とは会社のルールのこと。定款では、取締役の人数、決算期、株主総会の議長など、さまざまなものを定めます。定款で物事を社員の好きなように決められることを「定款自治」といいます。会社法の規定に反しないかぎりで、会社には定款自治が認められます。

06 株式会社のしくみ

出資額に応じた権利である
「株式」数に応じて配当金や権利が得られます

　最も代表的な形態が株式会社です。株式会社のしくみを知らずして、ビジネス実務法務は語れません。基本的な知識をしっかり押さえましょう。

　Aが100万円、Bが200万円を出資して、X株式会社を設立しました。この場合、原則として300万円が資本金となります。そしてX株式会社は、Y銀行から200万円を借りました。この時点で、X株式会社は現金500万円を有しています。そして、この500万円で、400万円の土地と、100万円の車を買いました。貸借対照表は右の図のようになります。

資本金と株式の意味を押さえよう

　ここで、**資本金**とは、出資者が払い込んだ出資額を基礎として設定される一定の額をいいます。資本金の300万円は、現金として会社に保有されているとはかぎりませんが、土地や車両などの別の財産に化けています。つまり、「300万円分の財産がある」ということを担保とし、会社債権者に安心を与える一定の指標としての役割があるのです。

　ここで、仮に資本金の300万円が株主に分配されてしまうと、会社の財産が大幅に減ってしまい、会社債権者が害されます。そこで、**資本金は配当できない**ことになっています。

　株主が持つ、出資額に応じた権利を**株式**といいます。Aが100万円、Bが200万円を出資してX株式会社を設立し、Aが10株、Bが20株保有している場合、AはX株式会社の3分の1を保有しているオーナーということになります。そして、会社法は、**保有している株式の数に応じて株主を平等に扱う**ことを要請しています（**株主平等の原則**）。逆に言うと、BはAの2倍の権利を持っているということです。権利の内容については次の項目（88ページ）で述べます。

◎ 貸借対照表

資産の部　　　　　　　負債／資本の部

車両　100 万円	<負債> 借入金　200 万円
土地　400 万円	
	<資本> 資本金　300 万円

利益が出ないと
分配できない

↑

会社債権者を保護するため、
資本金は配当不可
（マニアックですが、実質上
崩すテクニックはあります）

左右の合計が一致

自社の貸借対照表と
損益計算書を見ると
勉強になります

✏ **ワンポイント**

貸借対照表と損益計算書

貸借対照表（B/S、バランスシート）は、会社の期末における財政状態（資産・負債・純資産の状態）を示す決算書です。左側に資産、右側に負債と資本（純資産ともいう。株主からの出資額など）を書きます。一方、損益計算書（P/L）は、その会計期間の経営成績、つまり利益を表示する報告書です。収益から費用等を差し引いた形になっています。会社法上、株式会社には貸借対照表の、大会社（98 ページ）にはさらに損益計算書の公開義務があります。

07 株主に認められている権利とは？

株主には配当請求権、原則として株主総会での
議決権、株式を売買できる権利などがあります

　株主は保有している株式数に応じて、さまざまな権利を持ちます。権利のうち、株主自身のための権利を**自益権**、会社経営に参画する、すなわち会社全体のための権利を**共益権**といいます。

株主が行使できる「自益権」「共益権」とは？

①**自益権**：株主が会社から受ける権利で、代表的なものは**剰余金配当請求権**です。会社が利益を上げていれば、株主は、株主総会で決められた配当額を受け取ることができます。ほかに、会社が解散したときに、残った財産の分配を請求できる**残余財産分配請求権**などもあります。これらは1株でも有していれば行使できるので、**単独株主権**といいます。

②**共益権**：会社経営に参画する権利です。代表的なものは、株主総会における議決権です。株主は、株主総会の議案に賛成や反対の意思を表示することで、会社経営に参加していくことになります。ほかに、その会社のルールを定めた**定款**の閲覧請求権などがあります。これらは、上記の自益権同様、単独株主権です。一方、株主総会に議題を提案する権利や、会計帳簿の閲覧請求権もありますが、これらは会社の株式のある程度の割合を保有する株主でないと認められません。**少数株主権**といいます。

「株式譲渡自由の原則」が存在するが、譲渡制限も可能

　株式は自由に譲渡できるのが原則です。株式を他人に売って、出資金を回収し、株主の地位を外れることができるのです。

　ただ、同族会社など、一定のメンバー以外に株式が渡ると困る会社もあるので、定款で株式を自由に譲渡できない会社（**譲渡制限会社**）とすることも認められています。この場合、株主は会社の承認なしには売却できません。

◎ 譲渡制限会社

A社

株式の譲渡には
A社の承認が必要

自社にとって好ましくない
株主の出現を防止するため

株主B

譲渡

C

譲渡制限
株式

会社に承認するよう請求
したのに承認が得られな
かった場合、当該株式を
会社に買い取るよう請求
できます

ワンポイント

譲渡制限に反して株式を譲渡した場合はどうなる？

上図の例で、もし株主Bが譲渡制限に違反して、つまり譲渡制限株式であるにもかかわらずA社の承認を得ずに株式をCに譲渡した場合は、BC間で譲渡は有効ですが（BはCに株式の代金を請求できる）、A社との関係では無効です。その場合、A社はBを株主として扱うことになります。

08 株式会社では「機関設計」が重要

株主総会や取締役会など、経営に関わる行為を
行う会議体や人を機関といいます

　株式会社には社会的実体はありますが、実際の身体があるわけではないので、現実には代表取締役などが、取引先との契約締結などを行います。このように、実際に行動する者や**会議体**を**機関**といいます。株式会社の機関には株主総会、取締役、取締役会、監査役などがあります。

　そして、**株主総会と取締役は必ず存在しますが、その他の機関を設置するかは会社の任意**です。どの機関を設置するかという問題を機関設計の問題といいます。特に取締役会については、設置するか否かでかなり違いが出てくるので、2つに分けて考えましょう。

同じ株式会社でも取締役会を設置するかどうかで大きな違いがある

①取締役会設置会社

　取締役会（取締役の会議体、**取締役は3人以上**）を設置する会社です。会社を大規模にしたい場合は、取締役会を設置します。会社の常務（通常の活動）は取締役会で決めます。取締役会のメンバーである取締役が、議決権を行使して会社の常務を決定します。そして、会社の代表者（代表取締役）は取締役会で決めます。

　株主総会も設置されますが、株主総会では企業の合併や利益の配当など、経営の根幹に関わる重要な事柄だけを決めます。

②取締役会非設置会社

　取締役会を設置しない会社です。小規模な会社に用いられます。旧法の有限会社に近い形態です。代表取締役を取締役の互選で決めた場合はその者が代表者になりますし、決めない場合は、**各取締役が会社を代表**します。

　また、**株主総会は万能の機関**となり、**法令や定款に反しない限り、あらゆることを決める**ことができます。

◎取締役会設置会社の機関

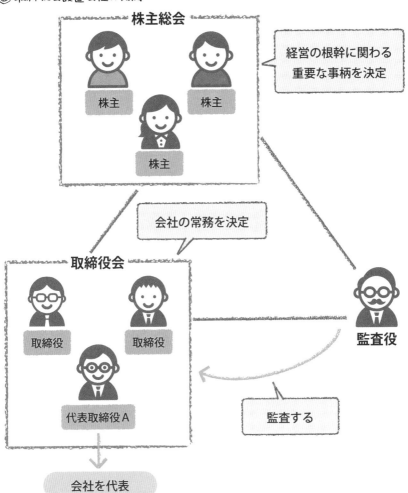

株主総会

株主

株主

株主

経営の根幹に関わる
重要な事柄を決定

会社の常務を決定

取締役会

取締役

取締役

代表取締役A

監査役

監査する

会社を代表

ワンポイント

「公開会社」と「非公開会社」の違いは？

発行する株式全部に譲渡制限がかかっている会社を「非公開会社」といいます。一方、発行する株式のうち1株でも自由に譲渡できる会社は「公開会社」といいます。公開会社では、必ず取締役会を設置しなければなりません。一般的に公開会社というと、上場会社を意味しますが、意味が異なりますので、注意しましょう。

09 株主総会の役割とルール

株主総会は何のために、いつ開かれる？
会社によって異なる開催方法を知っておこう

　株主総会は株主を構成員として、経営に関する事柄を決定する機関です。前の項目（90ページ）で見たとおり、**取締役会設置会社では重要なことを、取締役会非設置会社ではあらゆることを決定**します。たとえば、会社の根本ルールである定款の変更や剰余金の配当（原則）には、株主総会の決議が必要です。取締役の独断で決定することはできません。取締役の報酬も、株主総会決議か定款で定める必要があります。

株主総会には２種類ある

　株主総会は１年に一度必ず行う**定時株主総会**と、必要がある場合に臨時に行う**臨時株主総会**があります。

　定時株主総会では、剰余金の配当や任期満了の役員の改選などが行われます。開催は**決算後３か月以内**と決められており、決算が３月末の会社が多いので、５〜６月には大企業の株主総会が集中します。

　一方、臨時株主総会は、急に資金が必要で新株を発行したり（いわゆる増資です）、臨時の役員を選任したりする際に開かれます。

株主総会を開くための手続きはどうなっている？

　株主総会を開くためには、あらかじめ株主に招集通知を送る必要があります。**公開会社**（株式の一部でも譲渡が自由にできる会社）の場合、総会の日の２週間前までに株主に通知する必要があります。一方、**非公開会社**（株式のすべてが譲渡制限株式の会社）は、総会の１週間前までで足ります。

　また、株主全員の同意がある場合や株主が１人しかいない場合は招集通知が不要です。株主が実際に知っているからです。さらに、非公開会社かつ取締役会非設置会社の場合、定款で１週間よりも短縮することができます。

◎ 株主総会の役割

株主総会

株主　株主　株主

定時株主総会
1年に1回、決算後
3か月以内に開催

臨時株主総会
新株発行の際など必要
があるときに臨時に開催

・定款の変更

・役員（取締役等）の選任

・剰余金の配当

⋮

経営の根幹に関わる
重要な事柄を決定
（取締役会設置会社の場合）

取締役会非設置会社では、
法律や定款に反しないか
ぎり、株主総会はあらゆ
ることを決められる万能
の機関になります

Check Test

内容が正しいものには○を、誤っているものには×をつけなさい。

① 一般社団法人は非営利法人なので、出版業を営むことはできない。
② 取締役会設置会社では、取締役は3人以上設置する必要がある。

答え　① ×（82ページ）　② ○（90ページ）

10 取締役・取締役会の役割とは？

取締役会がない会社では取締役が会社代表、
ある会社では取締役は取締役会の一構成員です

　取締役会は、株式会社の業務執行の決定等を行う合議体です。経営の方針や重役の人事を決めたりします。また、会社法上は、多額の借財や支店の変更など重要な行為は、代表取締役の独断では決められず、取締役会で定める必要があります。代表取締役の選任や株主総会招集の決定なども取締役会の重要な権限です。

取締役会の設置の有無で変わる取締役の役割

①取締役会設置会社の場合

　取締役会設置会社の取締役は、**取締役会で議論をし、決議に参加する取締役会の1メンバー**です。対外的に会社を代表することはありません。規模の大きい会社では「営業担当取締役」や「財務担当取締役」というように、役割分担がなされることもありますが、法律上はあくまで議論をする一員という立場です。

　取締役会設置会社では、必ず代表取締役を定めることになっており、その者が会社を代表します。なお、代表取締役は2人以上設置することもできます（会長と社長の2人など）。

②取締役会非設置会社の場合

　取締役会非設置会社の取締役は、役員として会社の重要な業務を行い、代表取締役を定めていない場合は、**対外的に会社を代表**します。つまり、代表者となります（「取締役」という名称でも、会社を代表します）。代表というのは、「代理」と似たような意味で、代表者の行為が会社に効果帰属するということです。すなわち、代表取締役と相手方がした契約の効果が会社と相手方との間に生じます。なお、代表取締役を定めた場合は、代表取締役だけが会社を代表し、ただの取締役（**平取締役**）は代表権を持ちません。

◎ 取締役会設置会社の株主総会と取締役会の権限

取締役会設置会社

①株主総会の権限

会社の基礎に根本的変動を生ずる事項	定款変更、合併、会社分割、株式交換、株式移転、事業譲渡、資本金の減少等
役員等の選任・解任に関する事項	取締役、会計参与、監査役、会計監査人等の選任・解任
株主の重要な利益に関する事項	剰余金の分配等
取締役等の専横防止のための事項	取締役等の報酬の決定等

②取締役会の権限
＝代表取締役が勝手に決めることができない

①重要な財産の処分および譲受

②多額の借財

③支配人その他の重要な使用人の選任および解任

④支店などの重要な組織の設置・変更・廃止

⑤内部統制システム（リスク管理体制）の構築など

内部統制システムの構築とは、取締役等の違法不当な行為を防止できるよう、ルールやシステムを構築することです

3 法人と会社

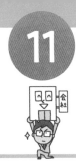

　代表取締役は、会社の代表者です。**会社に代わって、会社のために契約などの法律行為をする会社の機関**です。業務に関する裁判外または裁判上の一切の行為をする権限を有します。したがって、会社が裁判を起こす、あるいは起こされるときも、原則としてその主体あるいは対象となるのは代表取締役です。

　取締役会非設置会社では取締役の互選で、取締役会設置会社では取締役会の決議で代表取締役を定めます。会長と社長両方を代表取締役にするなど、代表取締役を複数名選任することも可能です。

代表取締役の権限外の行為は有効？

　たとえば、代表取締役は、取締役会決議がないと土地の取引ができないと、会社の定款で定めたとしましょう。しかし、このような**内部的制限は善意の第三者に対抗できません**。定款を知らずに土地を買った者がいた場合、その者が善意なら、当該契約は有効となります。

代表取締役ではない社長がした契約は有効？

　代表取締役でない取締役に、社長、副社長その他代表権を持つと誤解されるような肩書を与えた場合、その者は**表見代表取締役**と呼ばれます。表見代表取締役がなした行為は、善意無重過失の第三者に対抗できません。たとえばXが本当は代表取締役でない社長AをY社の代表取締役と信じて、Y社に土地を売却し、Xに重い落ち度がない場合、当該契約は有効となります。

　なお、表見代表取締役の規定は訴訟行為には適用されません。すなわち、裁判で代表取締役でない取締役が何か行動しても、代表取締役ではない以上、それは無効になるということです。

◎ 表見代表取締役

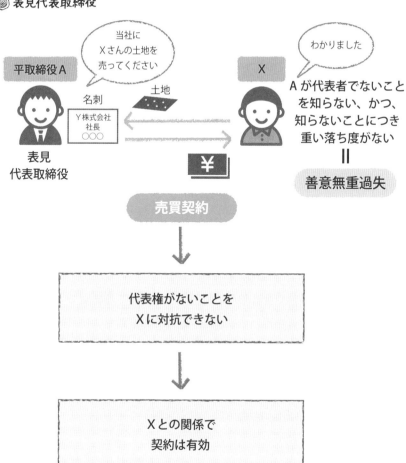

平取締役A

> 当社に
> Xさんの土地を
> 売ってください

名刺
Y株式会社
社長
○○○

土地

¥

X

> わかりました

表見
代表取締役

Aが代表者でないこと
を知らない、かつ、
知らないことにつき
重い落ち度がない

＝

善意無重過失

売買契約

代表権がないことを
Xに対抗できない

Xとの関係で
契約は有効

 ワンポイント

取引をするときには代表取締役の名前を調べるべき？

会社の商号や目的、代表取締役の氏名住所などの重要事項は、法務
局に登録（登記）されています。しかし、取引のたびに誰が代表取締
役かをチェックするのは非現実的です。そこで、代表取締役の名前
を登記簿で調べなくても、調べなかった側、つまり上図の例であれ
ばXに悪意・重過失があるとは言えないことになっています。なお、
商法や会社法の世界では、重過失は悪意と同視できることが多いです。

3 法人と会社

12 監査役や会計参与、さまざまな会社の機関のしくみ

監査役、監査役会、会計監査人、会計参与など
会社に欠かせない機関を把握しよう

　会社には、これまで見てきた取締役などのほかに、**監査役**や**監査役会**、**会計監査人**や**会計参与**といった機関が存在します。なお、会社の機関は登記が義務付けられています（取締役の氏名など）。会社が故意過失によって虚偽の登記をした場合、そのことを知らない（＝「善意の」）第三者に、登記が虚偽であることを主張できません。

監査役・監査役会は何を監査する？

　監査役とは、**取締役や会計参与の職務執行を監査する機関**です。会社経営の業務監査と会計監査を行いますが、一定の要件を満たす非公開会社では会計監査のみを行うとすることもできます。監査役を設置するか否かは原則として任意ですが、**取締役会を設置する場合は原則として監査役を置かなければなりません**。

　また、**監査役3人以上**からなる監査役会を置くこともできます。その場合、半数以上は社外監査役でなければなりません。監査役会を置くとよりきちんと会社の監督ができるので、大会社（資本金5億円以上または負債200億円以上）である公開会社には原則として監査役会を置く義務があります。

会計監査人・会計参与が監査するもの

　会社の計算書類等を監査するのが会計監査人です。公認会計士または監査法人しか就任できない会社の機関です。大会社などでは設置が必須です。

　本来計算書類は取締役が作りますが、取締役に会計や税務の知識がない場合もあります。そこで、**取締役等と共同して計算書類を作成する会計参与**という機関があります。設置は原則として任意で、公認会計士、監査法人、税理士、税理士法人のみがなることができます。

◎ 株式会社で可能な機関設計

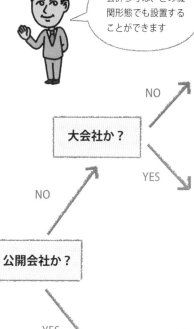

会計参与は、どの機関形態でも設置することができます

大会社か？ — NO

大会社か？ — YES

公開会社か？ — NO

公開会社か？ — YES

大会社か？ — NO

大会社か？ — YES

1　非公開会社かつ大会社以外

① 取締役のみ
② 取締役＋監査役
③ 取締役＋監査役＋会計監査人
④ 取締役会＋会計参与
⑤ 取締役会＋監査役
⑥ 取締役会＋監査役会
⑦ 取締役会＋監査役＋会計監査人
⑧ 取締役会＋監査役会＋会計監査人
⑨ 取締役会＋三委員会＋会計監査人
⑩ 取締役会＋監査等委員会＋会計監査人

2　非公開会社かつ大会社

⑪ 取締役＋監査役＋会計監査人
⑫ 取締役会＋監査役＋会計監査人
⑬ 取締役会＋監査役会＋会計監査人
⑭ 取締役会＋三委員会＋会計監査人
⑮ 取締役会＋監査等委員会＋会計監査人

3　公開会社かつ大会社以外

⑯ 取締役会＋監査役
⑰ 取締役会＋監査役会
⑱ 取締役会＋監査役＋会計監査人
⑲ 取締役会＋監査役会＋会計監査人
⑳ 取締役会＋三委員会＋会計監査人
㉑ 取締役会＋監査等委員会＋会計監査人

4　公開会社かつ大会社

㉒ 取締役会＋監査役会＋会計監査人
㉓ 取締役会＋三委員会＋会計監査人
㉔ 取締役会＋監査等委員会＋会計監査人

・公開会社なら必ず取締役会を設置します
・取締役会を置くなら、監査役、監査役会、三委員会または監査等委員会が必要です
（上図の④は例外）

13 「指名委員会等設置会社」とは？

社内の業務執行機能と監督機能を分離させ、
透明化を図るシステムです

業務執行と監督を分離したのが指名委員会等設置会社

社会的に相次いだ企業の不祥事の発覚により、従来の監査役、監査役会を中心とする経営の監視体制には限界があるといわれ、導入されたのが、この**指名委員会等設置会社**です。アメリカの制度を参考にして作られたもので、経営の業務執行機能と、その監督機能を分離させた点が特徴です。

業務執行機能を担当する**執行役**を置き、そこから**代表執行役**を選出します。代表執行役は会社を代表します。なお、取締役と執行役の違いですが、取締役は日常的な業務は執らず、取締役会のメンバーとして経営方針の決定や監督に関わり、執行役が日常的な業務を執ります。日本では経営者の人材不足もあって、取締役と執行役の兼任は可能です。

一方、監督機能を果たすものとして、取締役会の中に**指名委員会、監査委員会、報酬委員会**という3つの委員会を置きます。**委員会のメンバーは取締役で構成されますが、過半数は社外取締役**でなければなりません。

①**指名委員会**：株主総会に提出する取締役、会計参与の選任・解任の議案を決定します。つまり、取締役を選ぶ委員会です。

②**監査委員会**：主に取締役、執行役、会計参与の職務執行の監査と、会計監査人の選任・解任または不再任議案の内容決定にあたります。

③**報酬委員会**：取締役、執行役、会計参与の個人別の報酬等を決定します。

監査等委員会だけを設置することもできる

従来の会社（委員会を置かない会社）に監査等委員会だけを置いた会社を、**監査等委員会設置会社**といいます。代表取締役や取締役が存在しますが、監査役、監査役会は存在しません。会社の監査は監査等委員会が担うことになります。

◎ 指名委員会等設置会社

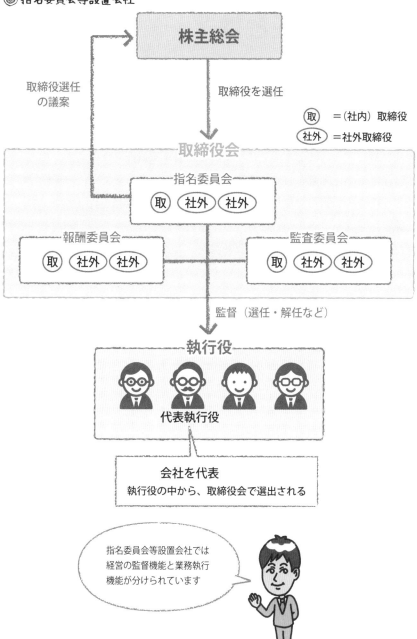

取 ＝（社内）取締役
社外 ＝社外取締役

株主総会

取締役選任
の議案

取締役を選任

取締役会

指名委員会
取　社外　社外

報酬委員会
取　社外　社外

監査委員会
取　社外　社外

監督（選任・解任など）

執行役

代表執行役

会社を代表
執行役の中から、取締役会で選出される

指名委員会等設置会社では
経営の監督機能と業務執行
機能が分けられています

14 取締役等が負っている重い責任とは？

経営に失敗したら、取締役等は会社や従業員、
第三者に損害賠償責任を負うこともあります

　取締役やその他の役員は、その任務を怠って会社に損害を与えたときは、会社に対し、これによって生じた**損害を賠償する責任**を負います。たとえば、放漫経営や不正融資をして会社に損害を与えた場合などです。取締役等は会社と委任契約を結んでおり、委任契約上の**善管注意義務**を負っています。

　善管注意義務（善良な管理者たる注意義務）とは、きちんと経営をする義務だと思ってください。また、会社法上、取締役は忠実義務（会社のために職務を忠実に行う義務）を有していますが、これは善管注意義務と同質のものと考えられています。

会社がもうかっていないのに配当金を出すのは違法

　会社は、**分配可能な額を超えて剰余金の配当等をすることはできません。**簡単に言うと、利益が出ていないのに株主に配当金を出すことはできないということです。分配可能額を超える配当は、タコが自分の足を食べるのに似ているので「タコ配当」と呼ばれます。

　このような配当をした場合、①金銭等の交付を受けた者、②当該行為に関する職務を行った業務執行者、③その他法律に掲げる者は、会社に配当額相当の金銭を支払う義務を負います（違法な剰余金の分配にかかる支払義務）。

役員が第三者に損害を与えた場合は…

　役員等が**悪意・重過失**のもと会社の業務を怠って第三者に損害を与えた場合、第三者は直接、役員等（役員等個人）に損害賠償を請求することができます。たとえば、代表取締役が担保を取らないで友人に100億円を貸し、その結果、会社が倒産した場合、その会社から債権を回収できなくなった第三者は、その代表取締役個人に直接損害賠償請求をすることができます。

役員の第三者責任

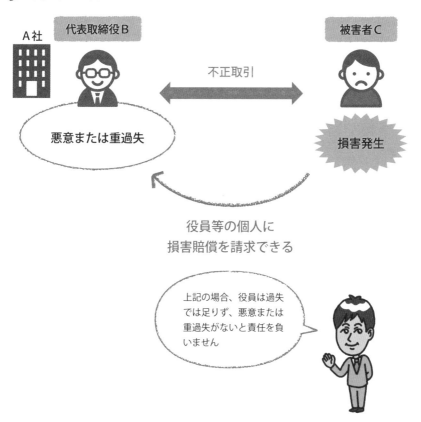

A社 代表取締役B

被害者C

不正取引

悪意または重過失

損害発生

役員等の個人に
損害賠償を請求できる

> 上記の場合、役員は過失では足りず、悪意または重過失がないと責任を負いません

ワンポイント

会社役員の「任務懈怠責任」と「経営判断原則」

会社の役員は、任務を怠って（善管注意義務に違反することです）会社に損害を与えた場合は、会社に損害賠償をしなければなりません。これを「任務懈怠責任」といいます。しかし、会社経営にリスクはつきものです。経営判断を誤って会社に損害を与えた取締役はすべて損害賠償をしなければならないとしたら、取締役が萎縮してしまいます。そこで、実務では①行為時において、②業界における通常の経営者を基準として、③事実認識と意思決定に不合理な点がなければ、役員は損害賠償責任を負いません。これを「経営判断原則」といいます。

15 会社に不利益を及ぼさないため、取締役が受ける制限とは？

取締役は自社と競合するビジネスを勝手にできない等、さまざまな義務を負っています

　前の項目（102ページ）でも述べたように、取締役と会社との関係は委任契約です。そこで、取締役は会社に対して善管注意義務と忠実義務を負います。これらには、具体的には次のような内容が含まれています。

取締役が守るべき2つの義務とは？

①競業避止義務

　取締役が、自分または第三者のために、**会社の事業の部類に属する取引**をするには、**株主総会**（取締役会設置会社においては**取締役会**）において、当該取引に関する重要な事実を開示し、その**承認**を受けなければなりません。

　たとえば、学習塾をやっている会社の代表取締役が個人で学習塾を運営すると、会社の顧客を奪ってしまい、会社の利益を害するおそれがあります。そこで、株主総会や取締役会の承認が必要だとされているのです。

②自己取引・利益相反取引の制限

　代表取締役が自分の会社から土地を買うとき、代金を不当に安くすれば、代表取締役は得しますが、会社は損します。このように、**取締役が自分または第三者のために会社と取引する**際は、会社の利益を害するおそれが高いので、**株主総会**（取締役会設置会社では**取締役会**）の**承認**を受けなければなりません。さらに、取締役が金銭を借りるときに、会社が保証人となる場合のように、取締役と会社が直接取引していなくても、実質的に見て利害が対立するときも同様です。株主総会または取締役会の承認が必要とされています。

　なお、取締役会設置会社では、株主総会ではなく取締役会の承認で足りますが、その場合、事前承認だけでなく事後報告も必要です。また、承認を得ていればよいというものではなく、承認を得ても、競業や自己取引等によって会社に損害を与えれば、取締役は任務懈怠責任を負います。

◎ 自己取引の制限

A社　代表取締役B

A社を代表して
Bが取引

売買契約

B

自分に有利（＝会社に不利）
な契約をするおそれ

株主総会の場合は事
前承認だけが、取締
役会の場合は事前承
認と事後報告が必要
になります

**株主総会または取締役会
の承認が必要**

 Check Test

内容が正しければ○を、誤っていれば×をつけなさい。

役員等が軽過失のもとに業務を怠って第三者に損害を負わせた場
合、第三者は直接役員等に損害賠償請求をすることができる。

　答え　×（102ページ、悪意・重過失がある場合に請求できる）

16 「株主代表訴訟」など 会社に関する訴訟

株主は自己と会社の利益を守るために
訴訟を起こすことができます

　ここでは、株主等が**株主総会決議を取り消す訴訟**を提起できる場合について見ていきます。以下の３つが挙げられます。

①株主総会の招集手続または決議の方法が、法令・定款に違反する場合

②株主総会の決議内容が定款に違反する場合

③株主総会の決議について、特別の利害関係を有する者が議決権を行使し、これによって著しく不当な決議がなされた場合

　たとえば、招集通知漏れがあった場合は①になります。

　この訴えは、決議から３か月以内に提起される必要があります。また、決議内容が法令に違反する場合は、株主総会決議無効確認の訴えを提起することができます。この訴えには期間制限はありません。

株主が会社に代わって取締役に損害賠償を求める「株主代表訴訟」

　取締役が違法行為をしたり、任務を怠ったりして会社に損害を与えた場合、会社は取締役に対し損害賠償を請求することができます（102ページ）。しかし、会社と取締役がなれ合って、会社が取締役に損害賠償請求しないことも珍しくありません。こうした状況のままでは会社の利益が害されてしまいます。

　そこで、株主(株式６か月保有が原則として必要)がまず会社に書面をもって訴訟を提起するよう請求し、60日以内に訴訟が提起されない場合は、**株主自らが取締役の責任追及の訴えを提起できます。**

　なお、子会社の株主が、親会社役員の責任を追及することも、法律上の厳格な要件を満たすことによって可能となります。これを多重代表訴訟といいます。

◎ 株主代表訴訟

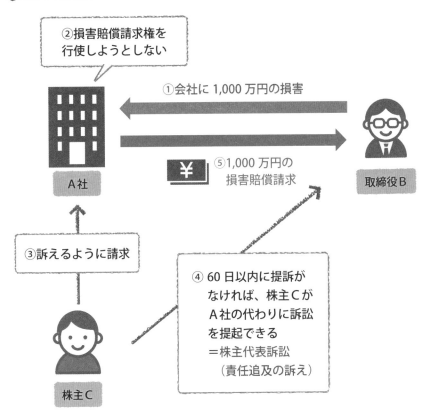

②損害賠償請求権を
行使しようとしない

①会社に 1,000 万円の損害

A社

⑤1,000 万円の
損害賠償請求

取締役B

③訴えるように請求

④ 60 日以内に提訴が
なければ、株主Cが
A社の代わりに訴訟
を提起できる
＝株主代表訴訟
（責任追及の訴え）

株主C

ワンポイント

新規取引先の商業登記簿をチェックしよう

97 ページのワンポイントでも触れましたが、会社を設立すると、商業登記がなされます。この商業登記簿には目的、商号、本店所在地、代表取締役の氏名住所、他の役員の氏名、資本金、譲渡制限の有無等の重要な情報が記載されます。法務局で取得できるので、新規の取引先と重要な取引をする場合は調べてみましょう。

17 会社設立の流れと 「支配人」の役割

会社を設立するには4つの手順を踏んだ上で
事業計画や準備を万全に整える必要があります

会社設立の手順を見てみよう

会社を設立するためには、**発起人**（会社を作ろうとする人）が次の手順を踏む必要があります。

①**会社のルール、機関設計などが定められている「定款」を作成する。**

②**公証人により定款の認証を受ける。**

③**出資金を払い込む。**

④**設立登記をする。**

設立登記をすると、実際に会社が設立されたことになります。流れとしては簡単に見えますが、会社設立は入れ物を用意しただけにすぎません。別途、事業計画と事業の準備をしっかりとする必要があります。

また、定款には次の6点の記載が必要です（**絶対的記載事項**）。

絶対的記載事項：①目的、②商号（会社の名称）、③本店の所在地、④設立に際して出資される財産の価額またはその最低額、⑤発起人の氏名または名称および住所、⑥発行可能株式総数（成立までに定めればよい）

支店長や営業所長は法的には「支配人」と呼ぶ

支配人とは、ある本店または支店において、事業主に代わって事業に関する一切の裁判上または裁判外の行為をなす**包括的代理権**を有する商業使用人です。会社全体ではなく、ある特定の本店または支店限定で権限を有するのが支配人です。支店長や営業所長が該当することが一般的です。

支配人の選任や解任は、取締役会設置会社では取締役会が、そうでない会社は取締役が行います。選任や解任をすると登記が必要です。支配人には、雇用されている会社の業務に専念する義務があります。また、支配人の権限を制限しても、善意の第三者に対抗できません。

◎ 会社設立の流れ

1 定款作成

絶対的記載事項

①目的
②商号
③本店の所在地
④設立に際して出資される財産の価額またはその最低額
⑤発起人の氏名または名称および住所
⑥発行可能株式総数（成立までに定めればよい）

2 公証人に定款の認証を受ける

3 出資金を払い込む

法律の要件を満たせば、
会社は必ず設立できます
（準則主義といいます）

4 設立登記

会社設立

A社

コラム3 裁判のしくみ
～民事裁判・刑事裁判・行政裁判

　皆さんは、裁判に対してどんなイメージを持っていますか。犯罪者が裁かれたり、もめごとを裁判官が解決してくれたり、そんなイメージでしょうか。実は、裁判は次のように、民事裁判、刑事裁判、行政裁判の3種類に分けられます（**大きく分けると行政裁判は民事裁判に含まれる**ので、民事と刑事の2つになります）。

①民事裁判

　民事訴訟や民事事件ともいいます。財産関係や家族関係など、人と人との間のトラブル、つまり**民事上の問題を解決する裁判**をいいます。

　AがBに対し、貸した100万円を返すように請求するのが典型例です。民事裁判では訴えたほうを「原告」、訴えられたほうを「被告」といいます。

②刑事裁判

　刑事訴訟や刑事事件ともいいます。これは、罪を犯したと疑われる人（被告人）に対して有罪か無罪か、有罪ならどんな刑罰を科すかを決める裁判をいいます。

　たとえば、万引きをしたと疑われているAを裁判にかけるのが刑事裁判です。刑事裁判にかけることを「起訴」するといい、検察官のみが行うことができます。

③行政裁判

　行政訴訟や行政事件ともいいます。これは、行政の行為の適法性を争うための裁判です。

　たとえば、運転免許停止処分を受けた人が、免停処分がおかしいとして、処分の取消しを求める裁判です。権利や義務に関わる裁判なので、広い意味では民事裁判に含まれると考えられています。

第 **4** 章

企業財産の管理

ここでは、企業財産の
管理にまつわる法律を学習します。
特に重要なのが、
特許や著作権などの知的財産です。
また、不動産登記簿の見かたなども学習します。

01 目に見えない企業の重要財産、「知的財産」とは？

特許や商標などの知的財産が莫大な利益を
生む時代。守るために知っておきたいことは？

　財産的価値を対象とする権利を財産権といいます。民法上、財産権には特定の人に一定の行為を請求できる「債権」と、特定の物に対する権利である「物権」が認められています（18 ページ）。近年、財産権の中でも特に注目されているのが**知的財産権**です。

　知的財産権には特許権、実用新案権、意匠権、著作権、商標権などさまざまなものがあります。たとえば、X社が新しい画期的な機械を作り、特許を取得したとしましょう。X社は特許権に基づき、開発した機械を 20 年間は独占して生産できます（医薬品では例外的に最大 5 年間の延長が認められています）。また、Yは、小説を書きました。Yにはこの小説について著作権があるので、他の者がYの許可なしにこの小説を出版することはできません。

　知的財産権の特徴は、形がないことです（かつては「無体財産権」ともいわれました）。**特許等の知的財産は、企業の保有する重要な財産**です。

日本が目指す「知財立国」の中身

　日本では 2002 年に、国を挙げて知的財産の創造・保護および活用を図り、産業の国際競争力を強化することが決定されました。そのため、2002 年に**知的財産基本法**が制定されました。また、国によって「知的財産推進計画」が策定され、毎年更新されています。特許や著作権等の知的財産は、不正に使用されることが多いので、企業として守る体制を作ることが重要です。

知的財産を守る専門の裁判所もある

　知的財産に関する法的紛争を解決するには専門的知見が必要です。そこで、知的財産に関する事項を専門的に扱う東京高等裁判所の特別の支部が 2005 年に設置されました。それが**知的財産高等裁判所**（知財高裁）です。

	特許権	実用新案権	意匠権	著作権	商標権
対象	自然法則を利用した技術的思想の創作のうち高度のもの	物品の形状、構造、または組み合わせに関する考案（注：発明と違い高度なものでなくてよい）	新規性と創作性があり、美感を起こさせる外観を有する物品等の形状・模様・色彩の工業的なデザイン	思想または感情を創作物に表現したもので、文芸、学術、美術または音楽等の範囲に属するもの	商品や役務の提供者を認知するための文字、図形、記号、立体的形状、色彩、音などの標識
保護期間	出願から20年（原則）	出願から10年	出願から25年	創作時から著作者の死後70年（原則）	設定登録から10年（更新可）

企業にとって知的財産はますます重要性を増しています

4

企業財産の管理

知的財産推進計画の中身を見てみよう

知的財産推進計画では「スタートアップ・大学の知財エコシステムの強化」「生成AI時代における知財の在り方」「知財活用を支える制度・運用・人材基盤の強化」など10の施策が挙げられています。詳しくは、内閣府のウェブサイトを参照してください。

02 特許権❶ 特許の基本ルールを 知っておこう

特許を取得するには3つの要件を満たし、
かつ誰よりも先に出願する必要があります

特許権とは、**発明を独占排他的に実施する権利**をいいます。ここでいう「発明」とは、「自然法則を利用した技術的思想の創作のうち高度のもの」と定義されます。

特許法は、発明をした者に特許権という独占的な実施権を与えることで発明を促し（独占できるから発明にかかった費用を回収でき、収益を得ることができる）、その一方で発明内容を開示させ、出願から一定期間（原則20年）経過後には誰でも利用できるようにする（特許切れ）ことで産業を発展させることを目的としています。このように、**特許権は出願の日から原則20年で消滅**します。

特許権の取得に欠かせない2つのポイント

同一の発明について2つ以上の出願がなされた場合には、発明の先後ではなく、一番早い出願人に特許権が付与されます。**先願主義**といいます。

また、特許を受けるためには、次の3つの要件を満たす必要があります。

①産業上の利用可能性：特許は産業を発展させるためにあるので、産業上利用できないものには与えられません。たとえば、医療は産業でない以上、人の治療法には特許は与えられません（医療は人類一般に開放されるべき）。一方、医薬品には産業上の利用可能性があります。

②新規性：すでに公開されている発明には、特許は与えられません。

③進歩性：当事者が出願時における技術水準から容易に考え出すことができる発明には、特許は与えられません。たとえば、テレビ電話会議システムを発明したといっても、それは現代の技術で普通に使われているものなので、よほどの工夫がないかぎり、発明とは認められません。

なお、①～③に加えて、公序良俗に反する発明にも特許は与えられません。

◎ 特許を取得する手続き

出願	願書を特許庁に提出（発明内容を記載した明細書、特許請求の範囲、必要な図面、発明の概要を記載した要約書を添付）
方式審査	特許庁が出願の形式面を審査する
出願公開	出願日から1年6か月後に「公開特許公報」に自動的に掲載される（出願公開制度）
審査請求	出願日から原則3年以内に、「出願審査請求書」を提出し、出願内容の審査を開始させる
実体審査	出願審査請求に基づいて、審査官が特許要件の有無を審査する
特許査定	特許してよいとの判断
特許料納付	定められた特許料を納付
設定登録	特許登録原簿に設定登録し、ここで初めて特許権が発生し、特許証が交付される
特許公報掲載	特許権の内容が特許公報に掲載される

特許出願のポイントは、明細書です。明細書の書き方で、特許請求の範囲が決まります

なお、特許が無断で利用されたなどの特許侵害に対しては、差止請求（使用をやめろと言うこと）、損害賠償請求ができ、刑事罰もあります

03 特許権❷ 他社の発明を 事業に生かす3つの方法

他社が発明した特許技術も、ライセンス契約を
結べば活用できるが、契約内容には注意が必要

特許権は発明を「独占的・排他的」に実施できる権利ですが、特許権者と
第三者との設定契約（実施許諾契約）によって、第三者に**実施権（特許を利
用できる権利）**、いわゆるライセンスを与えることができます。

実施権には、次の3種類があります。

①**専用実施権**：特許権者X社がY社に専用実施権を与えると、Y社は特許を
独占的に使用でき、X社も第三者も特許を実施できません。専用実施権は特
許庁に登録されると発生します。誰にでも主張できる点で物権に近いです。

②**通常実施権**：X社がY社に通常実施権を与えると、Y社は特許を実施でき
ますが、X社も実施できます。X社はさらに第三者に通常実施権を与えるこ
ともできます。Y社は**特許を実施できるが、独占しない**ということです。

③**独占的通常実施権**：独占的通常実施権は通常実施権の1つで、特許権者が
第三者に実施権を与えないことを含んだ契約によります。したがって、X社
がY社に独占的通常実施権を与えれば、Y社は**独占的に特許を実施**できます。

ただ、独占的通常実施権は、**特許庁に登録ができません**。仮にX社が契約
に反してZ社に通常実施権を与えれば、Z社も特許を実施できます。つまり、
Y社の独占的通常実施権は第三者であるZ社に対して効力がないのです。た
だし、Y社はX社に債務不履行として損害賠償請求ができます。

発明の特許権は発明した研究者のもの？　企業のもの？

企業の従業員が新しい発明をした場合、特許は誰に属するのでしょうか。
この点、**職務発明**という概念があります。職務発明とは、その性質上、企業
の業務範囲に属し、企業の従業員が企業の設備等を利用して現在または過去
の職務として実現した発明をいい、特許を受ける権利は原則として従業員に
帰属し、企業に通常実施権が認められます。

◎ 実施権

	内容	特許庁への登録
①専用実施権	特許権者X社が専用実施権をY社に与えると、Y社は特許を独占的に実施できる。X社も第三者も特許を実施できない。	必須
②通常実施権	Y社は特許を実施できるが、独占しない。特許権者X社も第三者も実施可能。	不可
③独占的通常実施権	Y社は独占的に実施できるが、特許庁に登録できないため、特許権者X社が第三者に実施権を与えれば、第三者も実施可能。	不可

◎ 職務発明

新発明！

契約などで
特許を受ける権利を譲渡

A社

研究職B

相当の金銭その他の経済上の利益を
請求できる！

職務発明の特許を受ける権利は原則として従業員に帰属し、会社は通常実施権を有します。ただ、契約等で会社に特許を受ける権利を譲渡する場合は上図のようになります

4
企業財産の管理

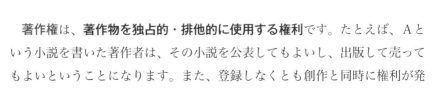

　著作権は、**著作物を独占的・排他的に使用する権利**です。たとえば、Aという小説を書いた著作者は、その小説を公表してもよいし、出版して売ってもよいということになります。また、登録しなくとも創作と同時に権利が発生します。

　著作権法にいう著作物とは、①思想または感情を、②創作的に、③表現したものであって、④文芸、学術、美術または音楽等の範囲に属するものをいいます。たとえば、小説や脚本、絵画、音楽のメロディー、舞踊の振り付けなどは著作物です。

　単なるデータは事実の羅列にすぎないため著作物ではないですが、データベース化され取捨選択に創造性があれば著作物となります。一方、法令、行政機関の発する告示、訓令や通達は著作権の対象になりません。みんなが使用する必要があるからです。

著作者が持つ「著作者人格権」とは？

　著作物を創作する者を著作者といいます。著作者が著作権という権利を持つわけです。なお、法人等の従業員が職務上作成した著作物は、作成のときに特段の定めがないかぎり、法人のものとなります。

　著作者には、著作権のほかに**著作者人格権**（公表するか否か決める権利、氏名表示権など）が認められます。著作権は他人に譲渡できますが、著作者人格権は他人に譲渡できません。

　著作権の保護期間は、創作時から著作者の死後70年までです。なお、無名、変名の著作物、団体名義の著作物及び映画の著作物は公表後70年となります（細かな例外もあります）。

◎ 著作権の一覧

複製権	著作物を印刷、写真、録画等の方法で有形的に再製する権利
上演権、演奏権	著作物を公衆に直接見せ、または聞かせることを目的として（以下「公に」という）、上演・演奏を行うことができる権利
上映権	著作物を公に上映することができる権利
公衆送信権・伝達権	公衆に対して著作物を有線送信・無線送信（インターネット含む）することができる権利
口述権	言語の著作物について、朗読等により公に伝達することができる権利
展示権	美術著作物と未発行の写真著作物の原作品を公に展示することができる権利
頒布権	映画著作物の複製物を譲渡・貸与することができる権利
譲渡権	著作物（映画以外）を、その原作品または複製物の譲渡により公衆に提供することができる権利
貸与権	著作物（映画以外）の複製物を、貸与により公衆に提供することのできる権利
翻訳権、翻案権	二次的著作物の創作に関する権利 （著作物をもとに翻訳、編曲、脚色、映画化等する権利）
二次的著作物に関する許諾権	原著作物の著作者が、二次的著作物の利用について、二次的著作物の著作者が有する権利と同様の権利を有する

著作権は、上記のようなさまざまな権利の集まりです。上記の表をざっくり理解すれば試験対策は十分です

05 ほかにはどんな 知的財産権がある？

把握しておきたい知的財産権には
実用新案権、意匠権、商標権などがあります

　知的財産権には、ここまで見てきた特許権や著作権などのほかに、**実用新案権、意匠権、商標権**などさまざまな権利があります。

近年、身近な権利となっている知的財産権

①実用新案権

　"大発明"に関する特許と異なり、"小発明"に関して与えられる権利です。産業上利用できる考案（自然法則を利用した技術的思想の創作）で、物品の形状、構造、または組み合わせに関するものに与えられます。ちょっとした新しい生活用品の発明などに利用されます。これも、登録によって権利が発生します。

②意匠権

　工業デザインに関する権利です。意匠とは、物品の形状、模様もしくは色彩またはこれらの結合、建築物の形状等または画像であって、視覚を通じて美感を起こさせるものをいいます。これも、登録によって権利が発生します。

③商標権

　企業のトレードマークは、商標登録することができます。登録すると、登録商標を独占的に使用し、他人の使用を禁止することができます。存続期間は、設定登録の日から10年間で、更新登録もできます。

　商標については先願主義が取られているので、他人が同一または類似の商標について出願していると登録できません。

　商標の機能には、①他の物やサービスと区別する識別機能、②商品などの出所（メーカーなど）が同じことを示す出所表示機能、③商品の品質が同じことを示す品質保証機能、④広告機能があります。

◎ 商標権

商標
KADOKAWA

③ 出版差止め・
損害賠償請求ができる

商標を
不正使用

② KADOKAWAの名前を使い、
無断で角川文庫を出版

商標の機能

①識別機能
②出所表示機能
③品質保証機能
④広告機能

① KADOKAWAという出版社が
存在することを知っていた

 **Check Test**

内容が正しければ○を、誤っていれば×をつけなさい。

会社の従業員が職務において新薬を発明した場合、その発明の特許を
受ける権利は、当然に会社に帰属する。

答え　×(116ページ、契約や就業規則等がなければ会社には帰属しない)

06 企業にとって門外不出の「営業秘密」が流出したら？

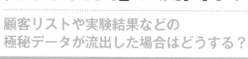

顧客リストや実験結果などの
極秘データが流出した場合はどうする？

「営業秘密」として認められる情報

事業活動に有用な技術上または営業上の情報で、秘密として管理されている非公知のものを営業秘密といいます。商品の製造方法や顧客リスト、実験データ等が該当します。営業秘密として認められるには、①秘密として管理されていること（秘密管理性）、②事業活動に有用であること（有用性）、③公然と知られていないこと（非公知性）が要件となります。

営業秘密が不正に利用された場合の対処法は？

営業秘密は企業にとって大切なものですが、著作権や特許、商標に該当しないかぎり、かつては保護されませんでした。また、営業秘密を不正使用されれば、不法行為により損害賠償請求をすることもできるのですが、それだけでは営業秘密の保護として不十分です。そこで、1993年に**不正競争防止法**ができ、営業秘密の不正利用行為に対しては、不正利用をやめるように求める差止請求、損害賠償請求が認められるようになりました。

また、不正利用者に対しては刑事罰が科されます。不正競争防止法は改正が頻繁に行われるので、実務では改正にも注意が必要です。同法によって営業秘密の不正利用とされるものは、右ページの一覧表のとおりです。

営業秘密以外に保護されるもの

不正競争防止法では、営業秘密に対する侵害行為以外にも技術的制限手段に対する不正競争行為（コピーガードを外すなど）、不正にドメインを使用する行為、品質内容等・誤認惹起行為（商品の原産地を偽るなど）、信用毀損行為（ライバル企業の偽情報を流布するなど）、限定提供データ不正取得行為等が規制されています。

◎ 営業秘密の不正利用行為

行為	例
①不正取得行為	顧客リストを盗んだ
② 不正取得者からの 悪意での転得	実験データを盗んだ者から、盗品だと知ってデータを購入した
③ 不正取得者等からの善意・ 無重過失の転得の後、悪意となって利用する行為	ラーメン店の秘密のレシピをだまし取った者から、だまし取った事実を知らずにレシピを教えてもらったが、後からその事実を知った。その上でそのレシピを利用した
④ 営業秘密を開示された者の不正使用・開示	使用者から顧客データを示された従業員が、図利加害目的で別会社のためにデータを開示した
⑤ 不正開示者からの 悪意での転得	使用者から顧客データを示された従業員から、不正開示であることを知った上でデータを購入した
⑥ 不正開示者からの善意・ 無重過失の転得の後、悪意となって利用する行為	使用者から実験データを開示された者から、最初は知らずにデータを譲り受けたが、後から不正開示だと知った。その上で実験データを利用した
⑦ 営業秘密侵害品の 譲渡、輸出入等	商品が不正に取得された営業秘密を用いて生産されたものであることを営業秘密保有者からの警告で知ったにもかかわらず、これを輸入した

その他、限定提供データ不正取得行為も不正利用行為に該当します。これは、事業者が販売目的で収集した特定の条件を満たす情報を、不正に取得する行為です。ただ、この「情報」は「秘密として管理されているもの」に該当しないため、営業秘密とは異なります

07 企業財産を管理するポイント

企業財産には流動資産と固定資産の2つがある。
それぞれ、実務に必要なポイントを押さえよう

企業財産は2種類に分けられる

　会社の資産は、大きく次の2つに分けられます。

①**流動資産**：現金や商品など、原則として決算日の翌日から1年以内に現金化することが予定されている資産。

②**固定資産**：不動産や機械設備のように、長期的に利用する目的で所有する資産。

　この2つの区別は企業会計上重要です。また、固定資産の中で特に大切なものに不動産があります。不動産は、法務局に権利者を登記できます。その登記簿の見方を右側のページで学びましょう。

預金の払戻しと預金者保護法

　預金の払戻しには、実務上、届出印章と通帳を銀行に呈示することが必要とされています。そして、払戻しの際、**本当は預金者でない者に対して銀行が払い戻してしまっても、銀行が届出印章と通帳の持参人を預金者であると過失なく信じたのであれば、銀行は免責されます**。つまり、銀行は真の預金者にさらに支払う必要はありません。

　上記ルールがありますが、近年、偽造カードによるATMからの預金引出しなどの被害が多発しています。そこで、特別な法律ができ、一定の要件を満たせば、偽造カード等による預金の引出しがあっても、下記のように金融機関が補償するようになりました。

預金者の過失	偽造カードの場合	盗難カードの場合
重過失あり	原則補償なし	
軽過失あり	100％補償	75％補償
無過失	100％補償	

◎ 不動産登記簿の読み方

表題部（土地の表示）		調製	余白		不動産番号	00000000
地図番号	余白	筆界特定	余白			
所在	港区〇〇町1丁目1番				余白	
① 地番		② 地目		③ 地積　　㎡	原因及びその日付【登記の日付】	
101番		宅地		300　　00	不詳 【平成3年3月1日】	
所有者	港区〇〇　角川レック					

※「表題部」とは不動産のデータが示されている部分です。

権利部（甲区）　　（所有権に関する事項）			
順位番号	登記の目的	受付年月日・受付番号	権利者その他の事項
1	所有権保存	平成3年3月1日22222番	所有者　港区〇〇　角川レック
2	所有権移転	平成25年3月5日22222番	原因　平成25年3月5日売買 所有者　千代田区〇〇　武山茂樹

※「権利部（甲区）」には所有権に関するデータが示されます。建物を建てた一番初めの所有者がするのが保存登記、それ以降は移転登記となります。この他に、抵当権などの所有権以外の権利が登記される「乙区」もあります。

 ワンポイント

買ってきたパソコンが売主の持ち物でないとわかったら？

Aが商店Bでパソコンを購入し、引渡しを受けました。しかし、実はそのパソコンの所有者は、Bではなく、Cでした。この場合でも、Aはパソコンの所有権を取得します。このように、無権利者から善意無過失で動産を購入すれば所有権を取得するという、動産特有のこの制度を「即時取得（善意取得）」といいます。

コラム 4 商事の特則と留置権

商法では、民法の基本を修正する規定が多く存在します。

まず、**商行為**を行った場合は、原則として双方が商法の適用を受けます。**絶対的商行為**とは、たとえそれを1回だけ行った場合でも商行為となるもので、利益を得て譲渡する意思をもってする動産や不動産、有価証券の取得などが該当します。一方で、**営業的商行為**とは、営業として行った場合だけ商行為となるもので、賃貸する意思をもってする動産や不動産の有償取得や、その動産や不動産の賃貸借、運送に関する行為などが該当します。

そして、**商行為によって債務を負担した場合は、連帯債務の特約がなくても連帯債務**となります。また、**商行為の代理人は、本人であることを示さなくても（顕名がなくても）本人に対して効力を生じます**（代理成立）。

留置権も強力になります。民法上の留置権（148ページ参照）は、修理代金に対応する修理対象物など、債権と関連のある物を留置できるだけでした。しかし、**商人間においてその双方のために商行為となる行為によって生じた債権が弁済期**にあるときは、**商行為によって預かった物をなんでも占有できる**ようになります。

契約不適合責任（46ページ参照）の特則

商人間の売買において、買主は、その売買の目的物を受領したときは、遅滞なく、その物を検査しなければなりません。検査によって種類、品質、数量に関する契約不適合を発見した場合は、売主に直ちに通知しないと契約不適合責任を追及できなくなります。また、種類品質に関する契約不適合責任は納品から6か月経過すると、原則として追及できません。

第 **5** 章

債権の
管理と方法

債権はまだ現金になっていないので、
確実に回収できるよう
管理しておく必要があります。
ここでは債権の管理と回収にまつわる
法律を学習します。

01 債権が消滅するのは どんなとき？

借金の返済を求める、従業員に働くように
求める…こうした債権が消滅するときは？

第1章（18ページ）で述べたように、債権とは人に対する権利です。A社が100万円貸したB社に100万円を返すように請求できる権利や、A社が従業員Cに働くように請求できる権利などが債権にあたります。

債権は弁済（べんさい）によって消滅します。弁済とは、**債務者が債務の内容を実現する行為をすること**をいいます。先の例であれば、B社がA社に100万円を払い、CがA社のもとで実際に働けば弁済になります。債権（債務者から見れば債務）は消滅します。仮にB社がA社に100万円を返しにいってA社が受け取り拒否した場合、債務は消滅しませんが、弁済の提供にはなります。この場合、B社は債務不履行責任を免れることができます。なお、弁済をした者は、受取証書（領収書等）の交付や債権証書の返還を請求できます。

さらに、債務の性質がこれを許さない場合や、当事者が反対の意思表示をした場合を除いて、**第三者が債務を弁済することもできます**（右ページ上）。一方、働く人が違えば技術や能力は同じではありませんから、Cの代わりにEが働いても弁済としては有効になりません。

借金は金銭ではなく物で返すこともできる

A社がB社に100万円を貸した際、B社はA社に100万円を返す代わりに、B社の所有する車で弁済したことにするのを、**代物弁済**（だいぶつべんさい）といいます。100万円の代わりに車で支払うわけですから、当然、相手方A社の同意が必要です。契約の形を取るので、**代物弁済契約**といいます。

また、大家さん（**賃貸人**）がいきなり借主に「出ていって」と言って賃料を受け取らない場合など、債権者が受領してくれなかったり、債権者が不明だったりした場合は、**供託所**（きょうたくしょ）という国の機関に金銭等を納めることで債務を消滅させることもできます。これを**供託**といいます。

◎ 第三者弁済とは

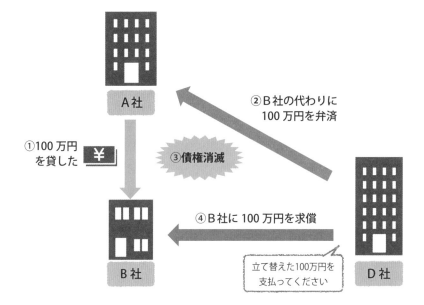

A社

②B社の代わりに
100万円を弁済

①100万円
を貸した

③債権消滅

④B社に100万円を求償

B社

立て替えた100万円を
支払ってください

D社

◎ 供託とは

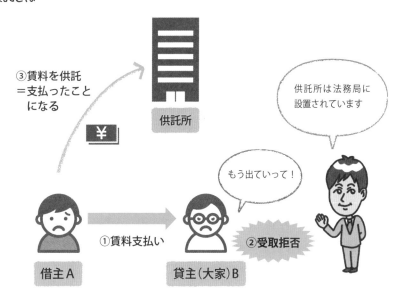

③賃料を供託
＝支払ったこと
になる

供託所

供託所は法務局に
設置されています

もう出ていって！

借主A

①賃料支払い

②受取拒否

貸主（大家）B

02 互いの債権を消し合う「相殺」のしくみ

互いに持っている債権が一定の要件を
満たしていれば、債権は対当額で相殺できる

　AがBに対し100万円の貸金債権を有しており、BもAに対して200万円の貸金債権を有していたとしましょう。BがAに100万円を払い、AがBに200万円を払うのが本来ですが、それでは2回振り込まなければならず煩雑です。そこで、100万円同士は**債権が「対当額」で対立している**ので、そこを消えたことにしよう、チャラにしようというのが**相殺**というしくみです（右ページ上の図を参照）。

　相殺は意思表示によって行われます。自動的には消えません。たとえば、AがBに「相殺します」と言えば、Bの同意なしに相殺の効果が発生します。相殺する側の債権を**自働債権**、相殺される側の債権を**受働債権**といいます。

債権には相殺できないものもある

　次のような場合、債権は相殺できません。

①**債権が対立していない**：AがBに100万円貸していて、BがCに100万円貸している。このような債権同士は相殺できません。

②**債権が同種ではない**：相殺する債権は同種のものである必要があります。たとえば、AがBに100万円の貸金返還請求権を有していて、BがAに車の引渡し請求権を有している場合、この2つの債権は相殺できません。

③**自働債権の弁済期（履行期）が到来していない**：受働債権は弁済期が到来していなくても相殺できます。

④**受働債権が不法行為で生じた場合等**：法律上相殺が禁じられている場合も、相殺はできません。たとえば、AがBを殴ってケガをさせ、その治療費10万円を、AがBに前から貸していた10万円と相殺するといったことはできません（右ページ下の図を参照）。受働債権である治療費の請求権が、暴力という悪意による不法行為で生じたものだからです。

◎ 相殺とは

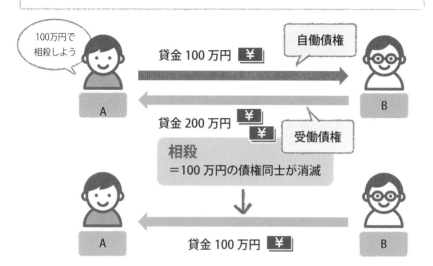

◎ 相殺禁止の例

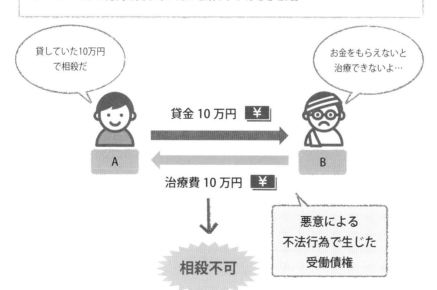

03 債権が消滅する「時効」のしくみ

一定期間が過ぎると債権は消滅するが、
経過期間がリセットされる更新などがある

　債権は、行使できるときから10年または行使できると知ったときから5年（不法行為の損害賠償債権の場合は損害および加害者を知ったときから3年）が経過すると消滅します。

　たとえば、X社のY社に対する貸付金債権は、返済期限から5年が経過すると消滅してしまいます。このように、**時の経過により債権が消滅する制度を消滅時効**といいます。

時効は期限が来ても自動的には消滅しない

　ただ、Y社はたとえ5年経過して法的には払わなくてよくなっていても、X社との付き合いから「X社に支払おう」と考えているかもしれません。そこで、債権は時間の経過により自動的に消えるのではなく、債務者が「時効を使うぞ」と意思表示をしたときに消えることにしました。この意思表示を**時効の援用**といいます。時効の援用は、内容証明郵便で通知するなど裁判外で行ってもかまいませんし、裁判上で行ってもかまいません。

時間を戻すワザ!? 「時効の更新」

　たとえば、4年11か月前に貸した金銭債権が、あと1か月で時効にかかる。この4年11か月経過した時間をゼロに戻すことを**時効の更新**といいます。時効を更新させるためには、①裁判を起こして権利が確定すること、②強制執行手続きの終了、③債務者の承認などが必要です。

　なお、相手方に一定の行為をするように請求することを**催告**といいます。通常は、内容証明郵便で行います。貸付金返済の催告をすると、6か月間だけ時効が完成しなくなります（**完成猶予**）。その間に訴訟を起こすとさらに時効完成がストップし、権利が確定すると時効の更新になります。

◎ 時効の援用

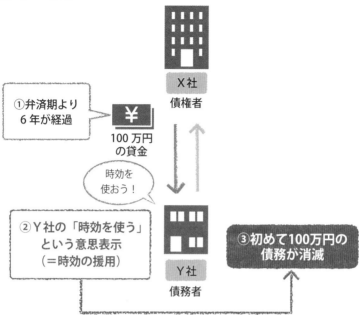

X社
債権者

①弁済期より
6年が経過

¥ 100万円
の貸金

時効を
使おう！

②Y社の「時効を使う」
という意思表示
（＝時効の援用）

Y社
債務者

③初めて100万円の
債務が消滅

◎ 時効の更新

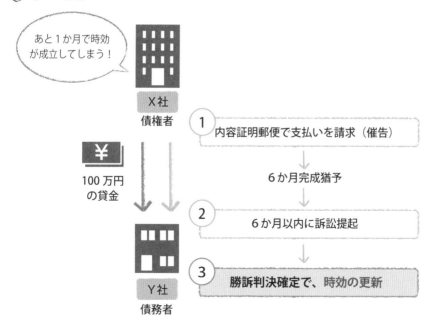

あと1か月で時効
が成立してしまう！

X社
債権者

¥ 100万円
の貸金

Y社
債務者

1 内容証明郵便で支払いを請求（催告）

↓

6か月完成猶予

↓

2 6か月以内に訴訟提起

↓

3 勝訴判決確定で、時効の更新

5
債権の管理と方法

04 「取得時効」と 「時効の援用権者」

他人の物が自分のものになる取得時効や時効の
援用権者など、知っておきたい時効のルール

他人の土地が自分のものになる制度とは!?

　他人の物を20年間、所有の意思をもって占有すると、自己のものにでき
ます。これを取得時効といいます。また、占有開始時に善意無過失の場合は
10年で取得できます。

　たとえば、X社の建物が自社の敷地から少しY社の敷地にはみ出していた
としましょう。X社が自社の土地だと信じて、また、信じたことに落ち度な
く、10年間Y社の土地を使い続けていると、そのはみ出した部分はX社の
ものとなります。

　取得時効は、占有を止めると更新します。

時効の援用権者

　ここは、138〜147ページの保証と抵当権を学んでから読んでください。
たとえば、債権者Aが主債務者Bに100万円を貸しており、保証人がCだ
としましょう。AのBに対する債権の時効期間が経過しているとき、主債務
者Bだけでなく、保証人Cも時効を援用できます。その結果、主債務が消滅
し、保証債務も付従性によって消滅するので、CはAにお金を払わなくてよ
いわけです。

　同様に、AがBに100万円を貸しており、Cが自分の土地にその借金の
ために抵当権を設定した場合（Cが物上保証人）、CもBのAに対する債務
の時効を援用できます。

◎ 取得時効

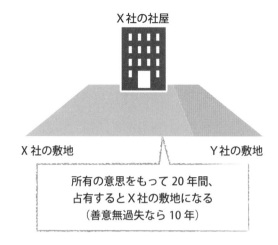

X社の社屋

X社の敷地　　　　　　Y社の敷地

所有の意思をもって20年間、
占有するとX社の敷地になる
（善意無過失なら10年）

◎ 時効の援用権者

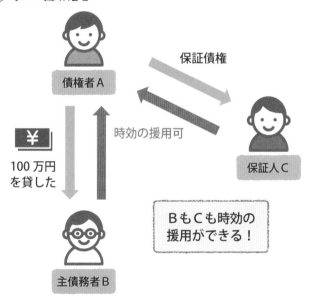

保証債権

債権者A

保証人C

¥

100万円
を貸した

時効の援用可

BもCも時効の
援用ができる！

主債務者B

05 債権を回収できないときの対応策は？

期限が来ても売掛金を払ってくれない場合は
請求→裁判→強制執行で対応する

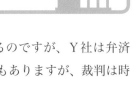

　X社がY社に売掛金100万円の債権を有しているのですが、Y社は弁済期が来ても支払ってくれません。裁判に訴える方法もありますが、裁判は時間もコストもかかるので、裁判外で請求して払ってくれるのに越したことはありません。通常の郵便で請求書を送っても支払ってくれない場合、最終的には支払うように請求する**内容証明郵便**を送ることが多いです。

　内容証明郵便とは、送った内容と同じものが郵便局に保管される郵便で、強い意思を示すときに使います。完成猶予のための催告や、時効の援用等にも用います。配達証明もつければ、いつ到達したかも証明できます。

債権の回収にはさまざまな方法がある

　債権を回収する方法としては、ほかに、Y社に現金はないが商品があるなら商品で**代物弁済**してもらう、Y社がX社に100万円の貸金債権があるなら対当額で**相殺**する、**保証人に請求**したり**抵当権などの担保権を実行**したりするなどさまざまな手段があります。保証や担保については後述します（138ページ）。

最後の手段、裁判所を利用して強制執行！

　それでも債権を回収できない場合は、民事訴訟を提起して、「Y社はX社に金100万円を支払え」という判決を得ます。裁判で勝訴してもY社が払わない場合は、X社がY社の財産（不動産や車両、預金債権など）を探し出して**強制執行**をし、債権を回収することになります。

　調停という話し合いで解決することもできます。調停が成立すると、その結論（調停調書）は判決と同一の効力を有することになるため、強制執行が可能です。

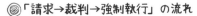 **「請求→裁判→強制執行」の流れ**

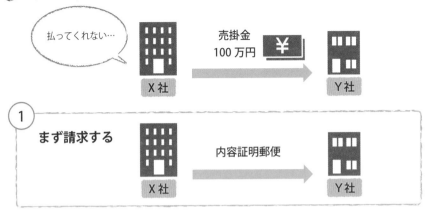

払ってくれない…

売掛金
100万円

X社 → Y社

① まず請求する

内容証明郵便

X社 → Y社

② 裁判を起こす

訴訟提起

X社 → Y社

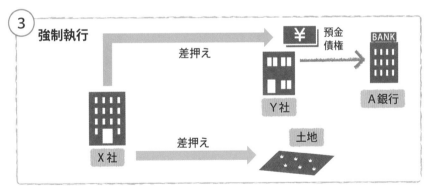

③ 強制執行

差押え

預金債権

BANK

A銀行

Y社

差押え

土地

X社

ワンポイント

強制執行は実は大変!

強制執行をするには、まず相手方の財産を自社で探さなくてはなりません。裁判所が探してくれるわけではないのです。そして、相手方に財産がなければ執行できません。したがって、裁判や強制執行をなるべくせずに債権を回収できるようにすることが大切です。

「保証人」の役割としくみ

融資や売掛金の担保に保証人を立てることも。
保証契約のルールを把握しよう

　X社がY社に融資する、あるいは商品の代金を後払いにしてあげる（売掛金にする）場合、Y社が本当に払ってくれるか不安が残ります。そのために、Y社に**保証人**を用意してもらうことがあります。

　たとえば、Y社のX社に対する100万円の債務（主債務といいます）につき、Z社に保証してもらったとしましょう（右ページ上図参照）。X社は、Y社がお金を支払ってくれなかったとき、Z社に代わりに請求することができます。もちろん、このお金は本来、Y社が負担すべきものですので、Z社がX社に支払った100万円を、Z社はY社に請求することができます（**求償**といいます）。

　保証契約は、債権者X社と保証人Z社との間の契約です。**保証契約は、書面または電磁的記録によらなければ効力を生じません。**

　なお、こうした保証は人的担保といいます。**人（自然人と法人）によって債権回収を可能にしている**からです。

保証に関わる２つのキーワード「付従性」「随伴性」とは？

　取消しや解除等によって**主債務が消滅すると、保証債務も消滅**します。保証債務は、主債務を担保するために存在しているからです。この性質を**付従性**といいます。また、AがBに車を売って、その売買代金債権につきCが保証したとします。BがAに対して、「車を引き渡すまでお金を払わない」という同時履行の抗弁権等を有するとき、Aが保証人Cに請求してきたときも、CはAに対し、Bが有する同時履行の抗弁権等を行使し、支払いを拒むことができます。

　また、主債務が債権譲渡によって、別の債権者との間に移転すると、保証債務もその債権者と保証人の間に移転します。この性質を**随伴性**といいます。

◎ 保証の基本

X社がY社に100万円を融資した。
そのY社のX社に対する100万円の債務につき、Z社が保証した。
→Z社が100万円を支払った場合、Z社はY社に100万円請求（求償）できる。

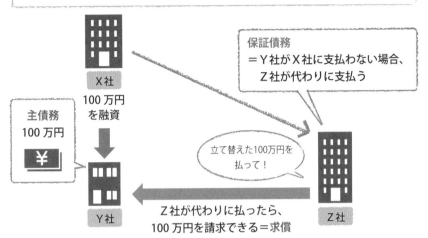

◎ 保証債務の随伴性

X社がY社に100万円を融資した。
そのY社のX社に対する100万円の債務につき、Z社が保証した。
→①債権譲渡によって、100万円の債権がX社からA社に移転した。
→②保証債務も、A社とZ社の間に移転する。

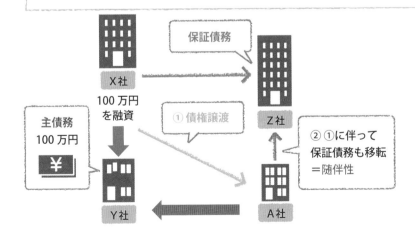

「連帯保証」と「連帯債務」とは？

ビジネス上の保証契約は通常、連帯保証。
通常の保証と連帯保証の違いは？

　X社が主債務者Y社に請求せずに、いきなり保証人Z社に100万円を請求してきました。このとき、Z社は「まずY社に請求してくれ」と言うことができます。これを**催告の抗弁権**といいます。

　また、X社がY社の財産ではなく、いきなり保証人Z社の財産に強制執行しようとしてきたときには、Z社が①主たる債務者であるY社に弁済の資力があり、②執行が容易であることを証明すると、X社はまずY社の財産から執行しなければなりません。これを**検索の抗弁権**といいます。

世の中の保証契約は通常、連帯保証

　上記の催告、検索の抗弁権がない保証のことを**連帯保証**といいます。ほかに分別の利益もないのですが、ここでは省略します。

　保証契約を締結する際、「連帯保証にする」という特約（連帯の特約）をすれば、連帯保証になります。つまり、**保証人にいきなり請求できる**のです。

　ちなみに世の中の保証契約は通常、連帯保証です。また、主たる債務者が会社など、法律でいう**商人**である場合、当然に連帯保証契約となります。

売主は連帯債務にしておくと安心！

　Xが、AとBの2人に1台の車を100万円で売りました。何も取り決めをしないと、XはAにも50万円、Bにも50万円しか請求できないことになります（**分割債務**）。

　しかし、XがA、Bとの間で「連帯債務にする」という特約を結ぶと、XはAにもBにも100万円全額を請求できることになります（右図）。連帯債務にすると、たとえばBが破産した場合もAから100万円全額回収できますので、債権回収がしやすくなります。

◎ 連帯債務と求償

XはAとBの2人に1台の車を100万円で売却した

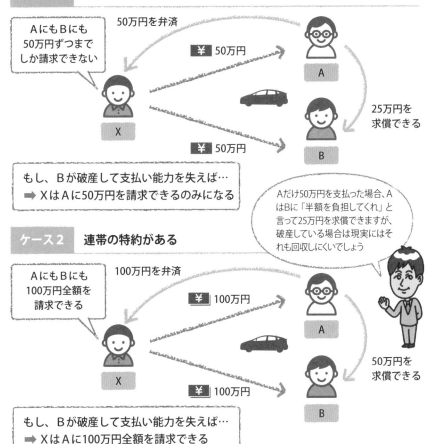

ケース1　連帯の特約がない

50万円を弁済

AにもBにも
50万円ずつまで
しか請求できない

¥ 50万円　A

25万円を
求償できる

¥ 50万円　B

もし、Bが破産して支払い能力を失えば…
➡ XはAに50万円を請求できるのみになる

Aだけ50万円を支払った場合、A
はBに「半額を負担してくれ」と
言って25万円を求償できますが、
破産している場合は現実にはそ
れも回収しにくいでしょう

ケース2　連帯の特約がある

100万円を弁済

AにもBにも
100万円全額を
請求できる

¥ 100万円　A

50万円を
求償できる

¥ 100万円　B

もし、Bが破産して支払い能力を失えば…
➡ XはAに100万円全額を請求できる

 Check Test

内容が正しければ○を、誤っていれば×をつけなさい。

A社がB社に対し100万円を貸し付けたが、弁済期から5年が経
過している。保証人であるC社は、当該債務の時効を援用すること
によって、保証債務を免れることができる。

答え　○（134 ページ）

5
債権の管理と方法

08

抵当権❶

債務を履行できない場合、
物から優先弁済を受ける

抵当権とは、借金をするときに土地などを担保
にすること。ビジネスに不可欠な基本知識とは？

　XがYに1,000万円貸す際、Yの土地に**抵当権**を設定したとします。抵当権とは、不動産から債権を回収できる権利です。YがXに借金を返さないときには、XはYの土地を競売にかけて、土地の売却代金から1,000万円を回収することができます。これを**抵当権の実行**といいます。また、他の債権者よりも先に回収できることを**優先弁済的効力**といいます。

　この場合、土地という**"物"**によって**債権回収を可能にしている**ので、抵当権は**物的担保**です。

抵当権の実行を確かなものにするには登記が必要

　抵当権は、不動産などを持っている人と債権者との間の契約（**抵当権設定契約**）で成立します。したがって、自分の不動産を他人の債務のために担保に出すことも可能です（この場合、**物上保証人**といいます）。A銀行がB社に1,000万円を貸し付け、B社の代表取締役Cが個人の土地に抵当権を設定するのが典型例です。

　抵当権を第三者に対抗するためには、抵当権設定登記が必要となります。抵当権設定登記があれば、その不動産を後に買い受けた人（右図でいうZ）がいても、債務者が借金を返さないかぎり、抵当権を実行することができるのです。

抵当権の対象となるもの（抵当権の目的物）は？

　抵当権は、不動産（土地と建物）のほか、地上権や永小作権などの権利にも設定できますし（債務が弁済されないときはそれらの権利を売却できる）、抵当権にも設定できます（転抵当）。また、特別法により、船舶や航空機、工場などにも設定できます。

◎ 抵当権と第三取得者

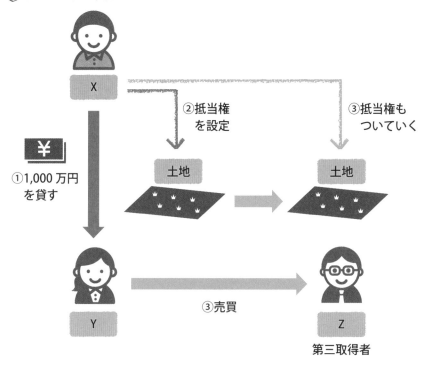

①1,000万円を貸す

X

②抵当権を設定

③抵当権もついていく

土地

土地

Y

③売買

Z

第三取得者

抵当権の登記があれば、XはZにも対抗できる

↓

Zが土地を買い受けても、抵当権が実行されてしまう！

Check Test

内容が正しければ○を、誤っていれば×をつけなさい。

A社の取締役Bが任務を怠って会社に損害をもたらしたが、A社はBの責任追及をしていない。A社の株主Cは、A社のBに対する債権を株主代表訴訟で請求することができる。

答え ○(106ページ)

XがYに1,000万円を貸し、その債権を担保するためにYの土地に抵当権を設定しました。1,000万円の**債権が**、**抵当権によって担保されている**という意味で、**被担保債権**といいます。なお、利息も最後の2年分は抵当権によって担保されます。

　このとき、YがXに1,000万円を弁済するなどして被担保債権が消滅すると、抵当権も消滅します。この性質を**付従性**といいます。被担保債権の消滅原因には取消し、解除、相殺、無効などさまざまなものがあり得ますが、そのいずれであるかは問いません。

債権に伴って抵当権も移転する「随伴性」

　上の例で、XがZに1,000万円の債権を譲渡すると、抵当権もZに譲渡されたことになります。被担保債権の債権者がZになるとともに、抵当権者もZになるのです（**随伴性**）。抵当権は、被担保債権と一緒に移動します。

　また、Yが1,000万円の一部である500万円しか弁済しなかった場合、Xは抵当権を土地の全部につき、実行できます。抵当権が半分消えるわけではないのです。このように、「一部の弁済があっても、抵当権は部分的に消滅せず、物のすべてに及ぶ」という性質を**不可分性**といいます。

メーカーと卸売業者の間では「根抵当」が一般的

　メーカーと卸売商の間では、売買契約が無数に繰り返されます。この売買契約の売掛金の担保のために抵当権を設定するには、債権が成立したら抵当権を設定し、弁済があったら抹消し、また設定し……というのを繰り返す必要があります。継続的な取引で設定と抹消を繰り返すのは無駄ですので、一定範囲の債権を包括的に担保する**根抵当**というものが認められています。

◎ 付従性の例

> **ケース**
> XがYに1,000万円を貸し、Yの土地に抵当権を設定した。ところが、XがYをだましていたことがわかった。Yによる詐欺取消しが行われたため、1,000万円の被担保債権が無効になった。それにともない、抵当権も消滅した。

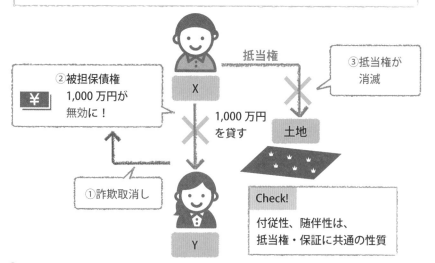

抵当権

③抵当権が
消滅

②被担保債権
1,000万円が
無効に！

X

1,000万円
を貸す

土地

①詐欺取消し

Y

Check!
付従性、随伴性は、
抵当権・保証に共通の性質

◎ 根抵当の例

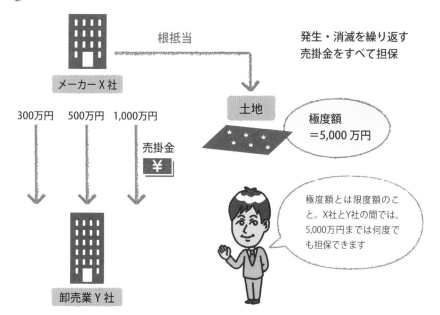

根抵当

メーカーX社

発生・消滅を繰り返す
売掛金をすべて担保

土地

極度額
＝5,000万円

300万円　500万円　1,000万円

売掛金
¥

極度額とは限度額のこと。X社とY社の間では、5,000万円までは何度でも担保できます

卸売業Y社

10

抵当権③

担保目的物が
火事でなくなったら？

担保目的物が火事で焼失した場合、
火災保険で回収する手段も考えられる

　XがYに1,000万円を貸し、Yの建物に抵当権を設定しました。しかし、ZがYの建物に放火し、建物がなくなってしまいました。幸いなことに、火災保険に入っていたため、Yは火災保険金を受け取ることができました。

　火災保険金は、抵当権が設定された建物の価値が変化したものと考えられますので、Xは火災保険金に抵当権の効力を及ぼすことができます（回収できるということ）。このように、**抵当権の目的物の価値代替物に抵当権の効力を及ぼすこと**を、**物上代位**といいます。同様に、Yは放火犯Zに対し損害賠償請求（不法行為です！）できますが、その損害賠償請求権に対してもXは物上代位できます。

　ただし、物上代位をする際には、金銭が他者に払い渡される前に**抵当権者が差押えすることが必要**です。

抵当権はどこまでの範囲に及ぶ？

　建物に抵当権を設定すると、**付属の建物や畳やふすまにも抵当権の効力が及びます**。つまり、建物とセットで競売にかけられるということです。

　土地を借りて建物を建てた場合には、借地権にも抵当権の効力は及びます。

　また、土地に抵当権を設定した場合には、地上の立木、農作物、庭石にも抵当権の効力が及びます。

抵当権者が複数いる場合は原則、早い者順！

　同一の不動産にいくつもの抵当権を設定することができます。登記の早い順から1番抵当権者、2番抵当権者と呼びます。不動産の売却代金からまず1番抵当権者が先に債権を回収し、残っていれば2番抵当権者が回収していきます。

◎ 物上代位

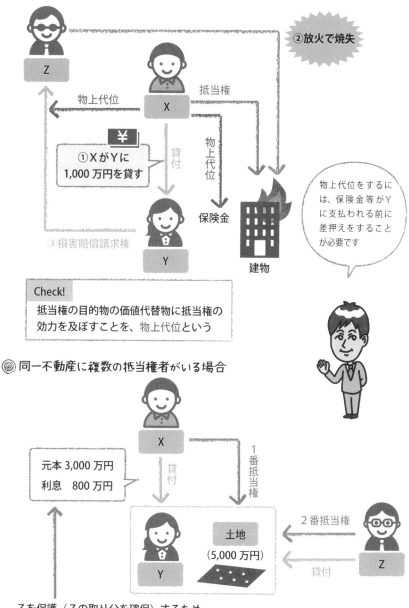

②放火で焼失

物上代位

抵当権 X

①XがYに
1,000万円を貸す

貸付

物上代位

Z

③損害賠償請求権

Y

保険金

建物

物上代位をするには、保険金等がYに支払われる前に差押えをすることが必要です

Check!
抵当権の目的物の価値代替物に抵当権の効力を及ぼすことを、物上代位という

◎ 同一不動産に複数の抵当権者がいる場合

X

元本 3,000万円
利息　800万円

貸付

1番抵当権

2番抵当権

土地
(5,000万円)

Z

貸付

Y

Zを保護（Zの取り分を確保）するため、
Xは利息は最後の2年分しか取れない※

※Xの2年分を超えた利息は、Zが回収
した後、まだ残りがあれば回収できる

5
債権の管理と方法

11 契約に関わる「留置権」「質権」「先取特権」とは？

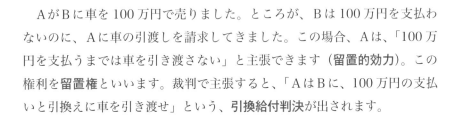

留置権、質権、先取特権…各種契約を結ぶにあたって必要不可欠な権利の知識

AがBに車を100万円で売りました。ところが、Bは100万円を支払わないのに、Aに車の引渡しを請求してきました。この場合、Aは、「100万円を支払うまでは車を引き渡さない」と主張できます（**留置的効力**）。この権利を**留置権**といいます。裁判で主張すると、「AはBに、100万円の支払いと引換えに車を引き渡せ」という、**引換給付判決**が出されます。

踏み倒されないために、いざというとき役立つ「質権」

AがBに100万円を貸すにあたって、Bは自分が所有している有名な絵画に**質権**を設定し（AとBの契約で行います）、絵画をAに引き渡しました。この場合、Aは絵画に質権を持っているので、Bが借金を支払わない場合は、絵画を売ってお金に換え、他の債権者に先立って貸金を回収できます（**優先弁済的効力**）。

また、Aは「Bが借金を支払わないうちは、絵画を返さない」と言うこともできます（**留置的効力**）。

他の債権者よりも優先的に回収できる「先取特権」

AはB社に雇われていましたが、B社はAに給料を払ってくれません。その場合、AはB社の総財産から給与を優先的に回収することができます。債権者が債務者の**総財産から他の債権者よりも優先的に回収できる権利**を一般の**先取特権**（さきどりとっけん）といいますが、法律上認められる場合にしかこの権利は存在しません。

先取特権にはさまざまなものがありますが、ほかに**動産売買先取特権**が実務上は重要です。たとえば車を売ったのに代金が支払われない場合は、右の図のように、車の差押え等ができます。

◎ 留置権

◎ 動産売買先取特権

12 動産の担保で使う「譲渡担保」、ローンで使う「所有権留保」

保証契約や不動産の担保以外に、金銭貸付や
ローンでよく使われる手法も押さえておこう

借金にあたって、担保にできる不動産がないときは？

A社はB銀行から1,000万円を借りたいと考えています。しかし、A社には担保にできるような不動産はありません。担保に出せるものといえば、会社の印刷機だけです。しかし、質権を設定してお金を借りるためには、印刷機をB銀行に実際に引き渡さなければなりません。不動産ではないので抵当権は使えず、現物を渡さなくてはならないのです。

そこで考え出されたのが**譲渡担保**というしくみです。A社はB銀行から1,000万円を借りるにあたり、お金を借りた証＝担保として、B銀行に印刷機の**所有権を譲渡**します。ただ、印刷機はそのままA社が使い続けることができます。

そして、無事にA社がB銀行に1,000万円（と利息）を返したら、印刷機の所有権はA社に戻ります。一方で、借金を返せなかったら、B銀行は印刷機を自分のものにするか、売却して1,000万円（と利息）を回収することができます。

ローンでよく使われる「所有権留保」

Aは自動車ディーラーBから自動車を買い、代金は24回払いにしました。通常では、売買契約を結んだ瞬間に、所有権がBからAに移転することになります。

ただ、代金全額を支払わないうちは、自動車の**所有権は売主Bにあり、代金全額を支払った瞬間に所有権が買主Aに移転する**という特約を結ぶことができます。これを所有権留保といい、割賦払いに使われます。Aは、代金全額をBに支払わないうちは、自動車の使用・占有はできますが、売却などはできないわけです。

◎ 譲渡担保とは

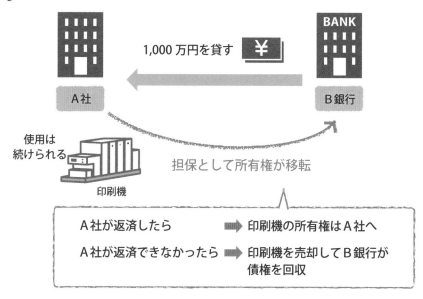

1,000万円を貸す

A社 ← B銀行 BANK

使用は続けられる
印刷機

担保として所有権が移転

A社が返済したら ➡ 印刷機の所有権はA社へ

A社が返済できなかったら ➡ 印刷機を売却してB銀行が債権を回収

◎ 所有権留保とは

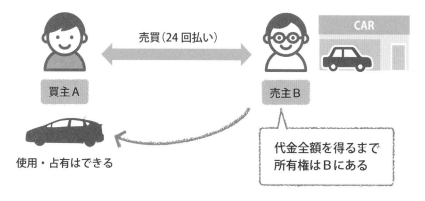

売買（24回払い）

買主A ← → 売主B CAR

使用・占有はできる

代金全額を得るまで所有権はBにある

13 債権の管理方法と 信用調査のポイント

日常の債権管理で気をつけたいのは、的確な 現状把握と取引先の信用調査です

自社の債権について常に気をつけておきたいこと

ビジネスの実務法務では、**債権は履行期を確認し、リスト化**しておきましょう。すでに履行期が到来している債権については請求書を発送し、それでも支払われない場合には法的手段を検討します。

一方、履行期が到来していない債権でも、取引先に倒産されてしまっては回収できなくなるおそれがあります。そこで、取引先の信用調査を絶えず行っておくことが重要です。

また、信用力が十分ではない相手方との取引の場合には**担保を設定**しましょう。さらに、契約書の条項に期限の利益喪失約款、すなわち**相手方に強制執行等の信用不安が生じた場合は、債権の履行期が即時に到来する**という特約を入れておくことも重要です。

さまざまな信用調査の手法

信用調査にはさまざまな手法があります。まず、営業所、工場等の実地調査やヒアリング等の**直接調査**があります。その他、信用調査機関の調査や金融機関への照会などの**間接調査**もあります。

間接調査の中で比較的簡易に行えるのが、財務内容分析と商業登記記録の調査です。財務内容分析は決算書等を分析するわけですが、可能なかぎり3～4期は分析しましょう。

決算書に気になる数値があれば、相手先に質問することも重要です。また、商業登記記録も不安な点があれば、閉鎖事項証明書まで取って、さかのぼって調査しましょう。閉鎖事項証明書には、通常の全部事項証明書には載っていない古い事項が載っています。

◎ さまざまな信用調査の手法

①不動産の賃貸や購入時の実地調査

実地調査

②新規取引先やその候補へのヒアリング

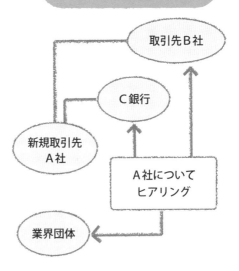

取引先B社

C銀行

新規取引先
A社

A社について
ヒアリング

業界団体

③取引先などへの書面調査

商業登記簿

決算書

B/S
P/L
C/F

書面を調査

商業登記簿は取引先に知られずに取得できます

14 不払いなど、緊急時にはどう債権を回収する？

支払ってくれない取引先や顧客には、手順を
踏んで強制執行に踏み切り、回収を図る

いざというときの強制執行の流れ

　136ページで見たように、請求書を送っても相手方が**支払ってくれない場合には、訴訟を起こし、判決を得て強制執行**することになります。強制執行にはさまざまな種類がありますが、ここでは金銭債権を実現するために行う金銭執行を見ていきましょう。

　金銭執行には、債務者の不動産を競売にかけてそこから金銭を回収する等の**不動産執行**や、債務者の預金債権を差し押さえる**債権執行**等があります。強制執行の前提として、まず**債務名義**（**判決**や強制執行認諾文言付の公正証書など）が必要です。そして、その債務名義に裁判所から「執行文の付与」を受ける必要があります。

　なお、当事者に争いはない場合に債務名義を作る方法として、強制執行認諾文言付の公正証書の他、訴え提起前の和解（即決和解）があります。即決和解は簡易裁判所へ申し立てます。

株を持っている会社が倒産したら？　融資した顧客が破産したら？

　債務者が支払不能・債務超過（債務のほうがプラスの財産を超過すること）になると、いわゆる倒産処理手続が開始されることがあります。会社の場合は、破産・特別清算・民事再生・会社更生があります。

　たとえばA社が破産すると、裁判所が破産管財人B（通常は弁護士です）を選任します。破産管財人BはA社の不動産や車などをお金に換えたり、A社の債権を回収したりします。そして、集めたお金を債権者らに債権額に応じて平等に分配（配当）します（**債権者平等の原則**）。残念ながら、破産手続の配当には期待できない、つまり配当額はゼロかそれほど多くない額であることが通常です。なお、消費者等の個人が破産することもあります。

強制執行の流れ

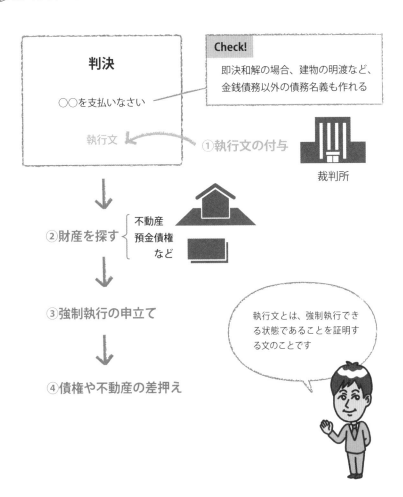

判決

○○を支払いなさい

執行文

Check!
即決和解の場合、建物の明渡など、金銭債務以外の債務名義も作れる

①執行文の付与

裁判所

②財産を探す { 不動産 / 預金債権 / など }

③強制執行の申立て

執行文とは、強制執行できる状態であることを証明する文のことです

④債権や不動産の差押え

金銭債権では担保を取ることを忘れずに！

日本では、裁判を起こして判決を得て、それから強制執行をするという2段構えのシステムがとられています。債権回収に時間や労力がかかるので、裁判にならないですむよう、担保を取ることを心がけましょう。

一般法と特別法、強行規定と任意規定

コラム 5

一般法と特別法

　一般法は、より広い範囲・事項を規制の対象とする法です。一方で、特別法は、**特定の事項・関係を規制の対象とする法律**をいいます。金銭を貸すときに利息を定めなかった、そのときには、民法では利息を請求できないが（民法589条1項）、商法では法定利息を請求できる（商法513条1項）。このことから、商法は民法の特別法となります。

　特別法は常に一般法に優先して適用されます。また、後からできた法と前にできた法が矛盾する場合は、後法が優先します（後法は前法を廃する）。

強行規定と任意規定

　強行法規（強行規定）は、主に公の秩序に関する事項について規定したもので、**強行法規に反する法律行為は無効**となります。一方、任意法規（任意規定）は、当事者が契約などで定めなかった事項を補充するもの。**当事者が別の内容を契約などで定めていれば、任意法規は適用されません。**

　例）民事法定利息原則3％（任意規定）←利息を定めなかった場合
　　　利息制限法の上限利息は約15％（強行規定）←反すると無効

　つまり、金銭を貸すときに、15％（強行規定）までの範囲内で自由に利息を定めることができます（契約自由の原則）。もし、利息を定めなかったら原則3％（任意規定）になります。

第 **6** 章

企業活動に関する法規制

産業廃棄物を捨てるにも、営業のための広告を
打つにも、さまざまなルールがあります。
そして、企業のルール違反には社会から
厳しい目が注がれています。

01 コンプライアンスの基本！刑法・行政法について知ろう

コンプライアンス重視の風潮の中、企業にとって
刑法・行政法の知識の重要性が増しています

企業活動に欠かせないコンプライアンス

近年、企業の**コンプライアンス**の重要性が叫ばれる中、ビジネス実務法務上、避けて通れないのが刑法と行政法です。

コンプライアンスとは**法令遵守**という意味ですが、特に企業が法律や社会通念を遵守しながら活動していくことをいいます。

なお、行政法の分野は特に改正が多いので、注意が必要です。

そもそも刑法、行政法とはどういう法律？

コンプライアンスのためにも、刑法と行政法とはどういう法律なのか、押さえておきましょう。

①**刑法：何が犯罪になって、どういう刑罰を科せられるか**について定めた法律です。たとえば、会社の従業員が会社のお金を私用で使った場合は、業務上横領罪という罪が成立し、10年以下の懲役という刑罰が科せられます。

「刑法」という名前の法律（狭義の刑法）と、その他の犯罪と刑罰について定めた法律を合わせて、**広義の刑法**といいます。

②**行政法：行政的な規制を定めた法律の総称**を行政法といいます。行政法という名前の法律は存在せず、あくまで学問上の概念です。

たとえば、不動産の売買を行う会社は、「宅建業」の免許を受けなければなりません。これは宅地建物取引業法（宅建業法）に規定されています。ほかに、飲食店を経営する場合は、食品衛生法の規制に従う必要があります。これにより、食中毒を起こすと、営業停止などの行政処分を受けてしまいます。

また、公害対策の立法として、大気汚染防止法、水質汚濁防止法、廃棄物の処理及び清掃に関する法律（廃棄物処理法）などがあります。

これらの行政的な規制を定めた法律をまとめて「**行政法**」と呼びます。

◎ 刑法・行政法と企業活動

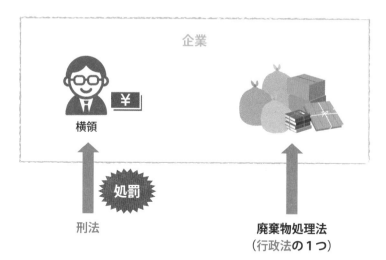

企業

横領

¥

廃棄物処理法
（行政法の1つ）

処罰

刑法

> **Check!** 企業のコンプライアンスは
> 刑法と行政法が中心となる

> コンプライアンス（法
> 令遵守）の観点からも、
> 刑法や行政法の知識の
> 重要性は増しています

 **Check Test**

内容が正しければ○を、誤っていれば×をつけなさい。

A社がBに1,000万円を融資し、Bの土地に抵当権の設定を受け
た。Bが土地をCに貸したとき、AはBがCに対して有する賃料債
権に物上代位することができる。

答え　○（146ページ）

経済学の理論では、自由競争が、消費者および企業の利益を最大化するとされています。この自由競争を歪める行為を規制する法律が**独占禁止法**（私的独占の禁止及び公正取引の確保に関する法律）です。

　たとえば、しょう油の製造業者の間で、しょう油の価格を１ビン１万円にするという協定を結んだとしましょう。このように、業者が互いの利益のために協議して販売価格などについて協定を結ぶことを**カルテル**といいます。

　業者はもうかりますが、高いしょう油を買わざるを得ない消費者は不利益をこうむります。一方、しょう油の値段を各業者が自由につけられれば、値下げ競争が起こり、企業努力が促進され、適正な価格になるはずです。

　独占禁止法の目的は、上記のような行為の規制によって、**市場の公正かつ自由な競争を促進**し、国民経済の健全な発達を促すことです。独占禁止法を適用・執行する独立の行政機関として、**公正取引委員会**が設置されています。

独占禁止法で規制される対象は？

　独占禁止法の規制対象者は、事業者と事業者団体です。

　事業者とは、商業、工業、金融業その他の事業を行う者をいい、公益法人や公益団体なども含まれます。事業者団体とは２以上の事業者の結合体または連合体をいいます。各地の医師会や日本学生野球協会などが該当します。

独占禁止法が禁止している３つの行為

　独占禁止法は、自由競争を歪める行為として、①**私的独占**、②**不当な取引制限（カルテル）**、③**不公正な取引方法**の３つを禁止し、企業による事業支配力が過度に集中することを防止しています。例えばダンピング（不当廉売）は、不公正な取引方法とされます。

◎ カルテルの例

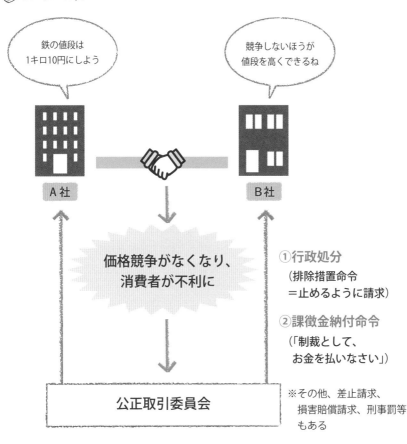

鉄の値段は
1キロ10円にしよう

競争しないほうが
値段を高くできるね

A社   B社

価格競争がなくなり、
消費者が不利に

① **行政処分**
（排除措置命令
＝止めるように請求）

② **課徴金納付命令**
（「制裁として、
お金を払いなさい」）

公正取引委員会

※その他、差止請求、
損害賠償請求、刑事罰等
もある

 **ワンポイント**

自由競争をおびやかすこともあるトラストとは？

自由競争をゆがめることがある他の代表例として、トラストがあります。同一業種の複数の企業が株式を持ち合ったりして、事実上、企業として一体化することで、企業合同ともいいます。結果的に独占につながることがあります。

03 消費者保護法と消費者契約法、どこが違う？

消費者の利益を守る「消費者契約法」。それを
含む消費者保護の法律の総称が「消費者保護法」

　消費者と事業者の取引は本来、対等に行われるべきです。しかし、事業者のほうが経済力や情報力の点で消費者より優れているので、実際は対等な取引にならないことが少なくありません。

　そこで、**消費者を保護するために**、いくつかの特別法が作られました。それらの法律をまとめて、**消費者保護法**といいます。たとえば、民法の特別法として消費者契約法や割賦販売法、特定商取引法、製造物責任法（PL法）などが制定されています。また、消費者庁設置法に基づき、内閣府の外局として消費者庁が設置されました。

消費者と事業者が結んだ契約に適用される「消費者契約法」

　消費者契約法は、個人消費者と事業者の間で締結される契約（消費者契約）に適用されます。取引形態や目的物に関する制限はありません。物品販売のみならず役務提供も対象です。

　消費者は事業者に誤認を生じさせられたり、困惑させられたりすることが多いことから、消費者の利益を守るため、消費者契約法が立法されました。これにより、民法で認められる詐欺による取消しよりも広く、契約の取消しが認められるようになりました。具体的には、右側のページを見てください。

消費者契約法に基づく取消しの手順とは？

　消費者は、消費者契約の締結の勧誘に際し、**誤認や困惑があった場合は、契約を取り消すことができます**。なお、取消権は、追認が可能となったとき（誤認していたことに気づいたときなど）から1年、契約締結時から5年間は行使することが可能です（霊感商法は追認が可能となったときから3年、契約締結時から10年間）。

◎ 誤認・困惑による契約は取り消せる

誤認

本当は3か月後に解約すると違約金が発生するけど…

3か月無料です！
3か月後にやめられます

契約

A × B

取消し可

誤認
・大事なことについて事実と違うことを言う
・大事なことを黙っている
・「必ずもうかります」などと言う
（断定的判断の提供）

困惑

契約してくれるまで帰りません！

もう帰ってください

契約

A × B

取消し可

困惑
・「出ていって」と言っても出ていかない（不退去）
・「帰りたい」と言ったのに帰さない（退去妨害）

クーリング・オフの期間が過ぎていても、消費者契約法に基づいて契約を取り消すことができます

取り消された消費者契約は、当初に遡って無効となります。事業者と消費者は原則として、相手方から受け取った商品や料金などを互いに返還しなければなりません（原状回復）

04 消費者を守る「消費者契約法」の中身とは？

「断り切れなくて」「だまされて」…
不本意な契約は5年後でも解約できる

消費者の利益を一方的に害する契約は「無効」

消費者契約法10条では、**消費者の利益を一方的に害する条項をリスト化して、該当する場合は契約を無効**にしています。

たとえば、「事業者の債務不履行責任の全部を免除する条項」や、「事業者の不法行為責任の全部を免除する条項」、「消費者の対価支払義務の不履行に対する過大な損害賠償の予定または違約金の定め」は、消費者の利益を一方的に害するので、無効となります。

消費者に代わって訴訟も起こす「適格消費者団体」

NPO法人や公益法人が認定を受けると、**適格消費者団体**となります。適格消費者団体は、不特定多数の消費者の利益を擁護するために、被害者もしくは被害を受ける可能性のある**消費者に代わり、消費者契約法に違反する事業者の不当な行為に対して差止請求権を行使**することができ、必要に応じて訴訟提起もします。

たとえば、「債務者が返済期限の到来前に貸付金の全額を返済する際には、返済日までの利息に加えて、貸付金の残元本に対して何％かを違約金として支払わなければならない」という早期完済違約金条項は不当な条項だとして、契約締結の差止めを裁判所に求め、認容された裁判例があります。

消費者契約法の「事業者」とは

「事業者」とは、法人その他の団体および、事業として、または事業のために契約の当事者となる場合における個人をいいます。企業や個人商店が事業者に該当するのは当然ですが、国、地方公共団体、農業協同組合、宗教法人、医療法人、特定非営利活動法人、労働組合なども該当します。

◎ 適格消費者団体

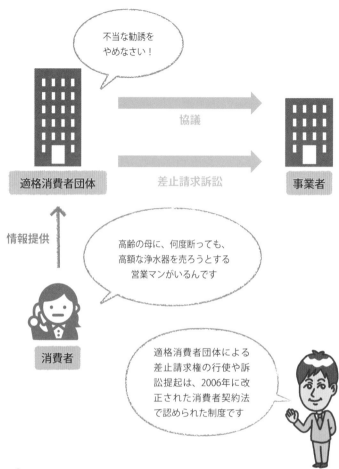

不当な勧誘を
やめなさい！

適格消費者団体 協議 差止請求訴訟 事業者

情報提供

高齢の母に、何度断っても、
高額な浄水器を売ろうとする
営業マンがいるんです

消費者

適格消費者団体による
差止請求権の行使や訴
訟提起は、2006年に改
正された消費者契約法
で認められた制度です

📖✒ ワンポイント

消費者契約法 10 条について押さえておこう

消費者契約法 10 条は、消費者の利益を一方的に害する条項を無効にしています。具体的には、①任意規定の適用による場合に比べ、消費者の権利を制限したり、消費者の義務を重くしたりする条項であること、②信義誠実の原則に反して消費者の利益を一方的に害することがあれば、無効となります。たとえば、消費者からの解除・解約の権利を民法や他の法律よりも厳しくする条項は無効となります。なお、契約全体が無効になるのではなく、違法な条項の一部だけが無効になります。

05 ローンやクレジットカードの取引に関わる「割賦販売法」

主に「割賦販売」と「信用購入あっせん」が
規則対象となります

　ローンやクレジットカードを利用する取引は、消費者にとって支払いが便利というメリットがある反面、収入と比べて不相応な買い物をしたり、不必要な買い物をしたりするおそれもあります。そこで、割賦販売法によって、ローンやクレジット取引が規制されています。

　顧客に対してそうした決済方法を取り入れている企業は特に、割賦販売法について正しい知識を持っておくことが大切です。

規制対象となるのはどういうケース？

　割賦販売法が適用されるのは、規制対象となる取引形態であり、かつ、規制対象となる商品、役務（サービスの提供）、権利の取引（会員権の販売など）だけです。ただし、**信用購入あっせん取引は商品等の限定はありません。**

　割賦販売法の規制対象となる取引形態は5つです。①割賦販売、②ローン提携販売、③信用購入あっせん、④前払式特定取引、⑤前払式割賦販売です。よく使われる①と③を詳しく見ていきましょう。

割賦販売：月賦払いのうち、**2か月以上の期間にわたり、かつ、3回以上に分割して支払い**を行う場合です。月賦払いで車を買うようなケースです。

信用購入あっせん：たとえば、Aが自動車ディーラーBから車を買うときに、信販会社Cが、Aに代わってBに一括して販売代金を払い、AがCに代金を支払う形態をいいます。

　クレジットカード等を使用する包括信用購入あっせん、クレジットカード等を使用しないで個別に審査がある個別信用購入あっせんの2通りがあります。なお、規制対象は、**2か月を超える期間にわたって支払う場合およびリボルビング払い**です。クレジット翌月1回払いは規制対象になっていません。ボーナス1回払いは対象です。

◎ 割賦販売法の規制対象—クレジットカード払い

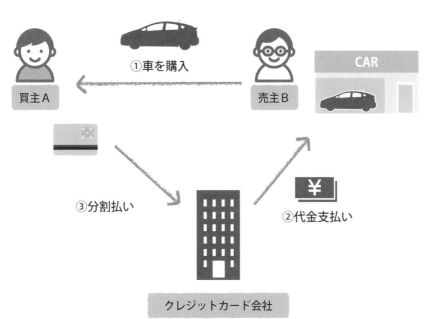

包括信用購入あっせん
（＝クレジットカード払い）

①車を購入

買主A

売主B

CAR

③分割払い

②代金支払い

クレジットカード会社

📖 ワンポイント

包括信用購入あっせんにおけるさまざまな規制

包括信用購入あっせんでは販売条件の明示、包括支払可能見込額（消費者が実際に1年で支払いに使える金額）を超える場合のカード等の交付等の禁止（クレジットの総量規制）、書面の交付義務などがあります。特に重要なのが、消費者が販売店に対して有している抗弁事由を、クレジット会社にも主張できる制度です（抗弁の接続）。たとえば、販売店が消費者に車を引き渡さない場合、消費者は同時履行の抗弁権を販売店のみならずクレジット会社にも主張し、支払いを拒むことができます。

06 通販やマルチ商法を規制する「特定商取引法」

消費者の意思を無視した強引な販売活動は
厳しく規制されています

　特定商取引法（特定商取引に関する法律）は、昔は訪問販売を主に規制する「訪問販売法」というものでした。現在は訪問販売のほか、**消費者トラブルを生じやすい特定の商取引類型を横断的に規制する法律**となっています。

　なお、事業者間の取引には適用されません。ただし、事業者名で取引していても、主として個人用・家庭用に使用する目的の場合は適用されます。

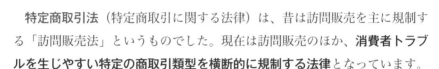

特定商取引法の規制対象は？

①**訪問販売**：家を訪問する販売、路上でのキャッチセールス等が対象です。

②**通信販売**：インターネットやテレビ、雑誌等に広告を出し、消費者から郵便等により契約の申込みを受けるものです。

③**電話勧誘販売**：事業者が電話で勧誘し、申込みを受ける取引のこと。ZoomやLINE通話を含みます。

④**連鎖販売取引**：問題になりがちな、いわゆるマルチ商法です（右ページ上）。

⑤**特定継続的役務提供**：エステや学習塾のように、長期にわたる契約を締結し、最初にお金を一括で支払って、後から役務を提供する場合はトラブルになりやすいものです。そこで、政令で定める一定の役務で、政令で定める金額と期間を超えるものを、特定継続的役務提供として規制しています。

⑥**業務提供誘引販売取引**：「この機械を購入すれば、内職に従事して利益を得られるから」と言って、機械を購入させる内職商法などです。

⑦**モニター商法**：商品の料金以上のモニター料が得られるといった勧誘を行う商法。業務提供誘引販売取引の一種です。

⑧**訪問購入**：自宅を訪問し、強引に貴金属を買い取るなどの商法です。

⑨**ネガティブオプション**：一方的に製品を送りつけ、返品がないと購入の意思があると決めつける商法です（右ページ下）。

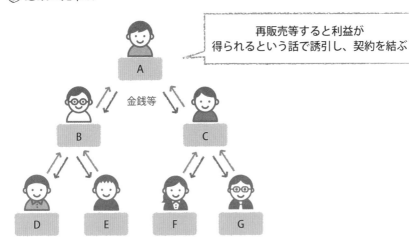

◎ 連鎖販売取引

> 再販売等すると利益が
> 得られるという話で誘引し、契約を結ぶ

A

金銭等

B　　　C

D　　E　　F　　G

◎ ネガティブオプション

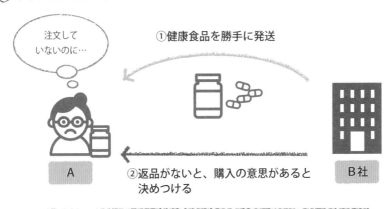

注文して
いないのに…

①健康食品を勝手に発送

A

②返品がないと、購入の意思があると
決めつける

B社

意思と意思の合致がないので、契約不成立

> 連鎖販売取引は「マルチ商
> 法」、ネガティブオプショ
> ンは「送りつけ商法」とも
> 呼ばれます

07 特定商取引法の重要ポイント

消費者が無条件で契約を解除できる
「クーリング・オフ」が保障されています

　168ページで述べた特定商取引に該当すると、さまざまな規制の網がかかります。たとえば、勧誘開始前に事業者名や勧誘目的である旨などを消費者に告げなければなりません。

　また、契約締結時に、契約書のほかに、**重要事項を記載した書面を消費者に交付**しなければなりません。

　当然のことですが、**不実告知**（うそを言うこと）、価格や支払条件などを言わないこと（**不告知**）や、**威迫**（脅すなど）・**困惑**を伴う勧誘行為は禁止されています。

　規制内容は、特定商取引法の類型ごとにさまざまなものがありますので、気になる方はさらに調べてみてください。消費者庁のホームページが参考になります。

無条件で契約を解除できる「クーリング・オフ」制度

　消費者は、契約締結時等から一定期間、**無条件で契約を解除**できます。これを**クーリング・オフ**といいます。頭を冷やして考える期間を消費者に与えるという趣旨で、このような名前になっています。

　そして、クーリング・オフをしても、**消費者は損害賠償や違約金等を支払う必要はありません**。

　クーリング・オフは、クーリング・オフできる旨の**書面又は電子交付（一定の条件があります）による告知を消費者が受けてから**、訪問販売・電話勧誘販売・特定継続的役務提供・訪問購入の場合は 8 日以内、連鎖販売取引・業務提供誘引販売取引の場合は 20 日以内に、書面による解約の通知を書面又は電磁的記録により発する必要があります。ただし、消耗品や少額商品は対象外となります。

◎ クーリング・オフ制度

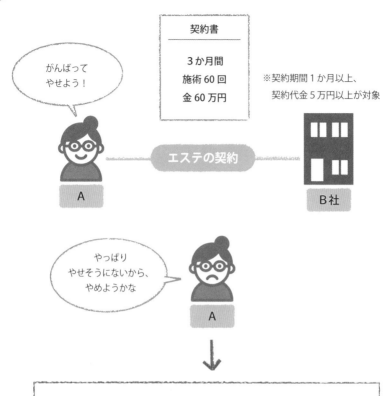

契約書

3か月間
施術60回
金60万円

※契約期間1か月以上、
　契約代金5万円以上が対象

がんばって
やせよう！

エステの契約

A

B社

やっぱり
やせそうにないから、
やめようかな

A

書面又は電子交付を受けた日から8日以内は
書面又は電磁的記録で解約（クーリング・オフ）できる

逆に言うと、書面又は電子
交付による告知を受けない
うちはいつまでもクーリン
グ・オフができます

08 「個人情報の保護」について 企業が押さえるべきポイント

ネットが普及した現在、個人情報の保護は
企業にとって超重要課題となっています

　インターネットが普及し、情報が簡単に広まる世の中になりました。そうした中で個人情報の保護の重要性が増していますが、一方でポイントカード等に見られるように、個人情報をビッグデータとして活用し、企業活動に生かすニーズもあります。そこで個人情報の有用性に配慮しつつ、**個人の権利・利益の保護を図る**ことを目的として、「個人情報の保護に関する法律（個人情報保護法）」が制定されています。

「個人情報保護法」に関する重要ポイント

　個人情報とは、生存する個人に関する情報であって、当該情報に含まれる氏名、生年月日その他の記述により特定の個人を識別することができるもの（他の情報と容易に照合することができ、それにより特定の個人を識別することができることとなるものを含む）をいいます。顔認識データなども、法改正で含まれるようになりました。

　また、かつては5,000人を超える個人情報を取り扱う事業者のみが規制対象でしたが、現在は、5,000人以下の個人情報を取り扱う事業者も規制対象です。

　さらに、外国の個人情報取扱事業者も規制対象になっています。

自社の意見を表明する「プライバシーポリシー」

　企業などによる、個人情報保護についての考え方や方針に関する宣言をプライバシーポリシーといいます。その中で、**個人情報の利用目的を公表することが可能**です。経済産業省のガイドラインでは、プライバシーポリシーを策定し、ウェブページへの掲載等により公表することが望ましいとされています。

◎ 個人情報保護制度の全体像

事業者の義務

利用目的を特定、その範囲内で使用する。目的を通知・公表する

漏洩等防止、保管をきちんとする。従業員への教育も！

利用・取得 **保管**

開示請求等への対応 **提供**

本人から開示請求があった場合は原則対応する。苦情にも対応する

第三者提供する場合、原則として同意を取る

個人情報保護法は改正が多いです。行政のウェブサイトやガイドライン等をチェックしましょう

 ワンポイント

「個人情報を第三者に提供しないで」と拒否できる「オプトアウト」

AがB社に提供した個人情報を、B社は第三者に提供してもよいが、Aが停止を求めた場合は提供を中止するとする方式を「オプトアウト方式」といいます。一定の要件（個人情報保護委員会への届出等）を満たせば行えますが、要配慮個人情報（人種、信条、病歴など）はオプトアウト方式を採ることはできません。

09 ビジネスに関わるその他の主な規制法を押さえよう

マイナンバー法、大店立地法、宅建業法…
企業によって必須の法的知識はさまざま

　ここまで述べてきたもののほかに、ビジネス実務法務の観点から、企業活動に関する規制法として押さえておきたいものを挙げておきます。

「マイナンバー法」「大店立地法」とは？

マイナンバー法：マイナンバーとは、国民一人ひとりに割り振られた個人番号のことです。マイナンバーによって、社会保障や税制その他、**行政分野における給付等を一元管理**することが目的です。

　マイナンバーの利用は、「行政手続における特定の個人を識別するための番号の利用等に関する法律（マイナンバー法）」に基づき、2016年に開始されました。同法ではマイナンバーの漏洩等を防止する措置を事業者に義務付け、マイナンバーを不正に提供・取得した場合の罰則等が規定されています。

大規模小売店舗立地法（大店立地法）：各地に大規模小売店（大型スーパーマーケット）が進出し、それにともない交通渋滞などの社会問題が出現しています。そこで、店舗面積が **1,000 平方メートルを超える小売店舗** を設置する場合には、一定の事項の届出を都道府県に行い、2か月以内に説明会を開催するなどの義務を課しています。

各種業法による規制について知っておこう

　宅建業法、保険業法などの法律で、一定の業務については、あらかじめ**一定水準の能力・条件をクリアした個人・企業のみに免許・許可**を与え、消費者の保護を図ることにしています。免許・許可がないと、宅建業や保険業、銀行業は行えないということです。これらの業者が使う約款は行政庁がチェックし、認可が下りなければ、効力が生じないことが多いです。

　なお、サイバー社会に関わる規制法は右図のようなものがあります。

◎ 押さえておきたいサイバー規制に関する法律

マイナンバー法

行政分野における給付等を一元管理するマイナンバーにまつわる法律です。

サイバーセキュリティ基本法

サイバーセキュリティに関する施策を総合的かつ効率的に推進するため、基本理念や国の責務、施策の基本を定めたものです。

不正アクセス禁止法

不正アクセス（他人のパスワードで勝手にログインする等）を禁止し、刑事罰を定めた法律です。

プロバイダ責任制限法

ネット上での誹謗中傷などに関し、IPアドレスの開示等の手続きや、プロバイダが負う責任について定めた法律です。

迷惑メール防止法

公告宣伝メールに関する規制を定めた法律です。送信者情報を偽って送信した場合や、行政の命令に従わない場合、罰則もあります。

ワンポイント

「約款」についても知っておこう

約款とは、不特定多数の利用者との契約を定型的に処理するためにあらかじめ作成した契約条項をいいます。保険の契約や銀行取引などに用いられます。内容が合理的であることなど一定の要件を満たせば、約款も契約の内容となります。なお、定型約款については民法に規定があります。

10 経済活動で起こる犯罪には何がある？

横領罪、収賄罪、贈賄罪…それぞれ、
どういう罪に問われるのか？

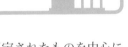

　経済活動に関わる犯罪が後を絶ちません。刑法で規定されたものを中心に
ビジネス実務法務に関わる主要な犯罪を紹介します。

経済活動に関するさまざまな犯罪

①自社の機密情報の売却

　会社の機密文書を持ち出す権限のない者（平社員など）が持ち出すのは、
泥棒と一緒なので**窃盗罪**になります。

　一方、文書を持ち出す権限がある管理権者（部長など）がライバル企業に
機密文書を売却した場合は、**業務上横領罪**となります。

　また、**背任罪**（任務に背いて会社に財産上の損害を与える罪）に問われる
場合もあります。なお、取締役等が会社の任務に背くと、**特別背任罪**といっ
て、背任罪より重い罪に問われます。銀行の役員が不正融資をするなどが典
型例です。さらに、会社の機密情報は**不正競争防止法**によっても保護されて
いるので、この法律に基づいて処罰されることもあります。

②無権限の手形振出

　振出しの権限がない平の経理部員などが、許可なく手形を振り出した場合、
有価証券偽造罪等に問われます。さらに、その手形を使用すれば**偽造有価証
券行使罪**が、それによって商品を購入すれば加えて**詐欺罪**が成立します。

③横領罪と贈収賄罪

　従業員が預かっていた会社のお金を使い込んだ場合、自己の占有（支配）
する他人（会社）の物を横領したものとして、**業務上横領罪**となります。

　また、社交儀礼の範囲を超えて職務に関連して役人を接待した場合、接待
した側は**贈賄罪**、された側は**収賄罪**となります。

　その他、会社法で規定されている主な犯罪についても見ておきましょう。

◎ 会社法に規定される犯罪

タコ配当

　粉飾決算を行い、架空の利益を計上した上で剰余金の配当をすることです。違反すれば、違法配当罪となります。タコが自分の足を食べてしまうのと同様なのでタコ配当といわれます。また、実行した役員等は特別背任罪に問われることがあります。

不良貸付

　十分な担保を取らずに、回収が困難な先に貸し付けることです。実行した役員は特別背任罪に問われることがあります。

総会屋への利益供与

　取締役等が、株主の権利行使に対し（つまり会社に有利に議決権を行使してもらう等のために）財産上の利益を供与したときは処罰されます。利益を求めた総会屋（金品を要求し、拒絶されると株主総会を妨害する者）も同様に処罰されます。

企業内で犯罪が起きたときには毅然とした対応が必要です。他の従業員に示しがつかないこともあるからです

今、企業に求められている
CSR・コンプライアンス

　企業活動にはリスクがつきものです。その内容は、契約上のトラブル、知的財産をめぐる紛争といった対外関係のリスク、セクハラやパワハラ、労災といった対内関係のリスクなど、さまざまです。リスクを低減するためにも、CSR（企業の社会的責任）を果たすためにも**法令遵守**が欠かせません。

　そのためには、ビジネス法務の知識を社内に普及させるなど、**法令がきちんと遵守される社内の体制を整える**こと、すなわちコーポレートガバナンス（企業統治）を整えることも必要になります。

CSRとコンプライアンスの具体的な中身

　CSRはCorporate Social Responsibility、すなわち「**企業の社会的責任**」のことです。企業が経済活動をすると、消費者にさまざまな商品を提供し、経済活動を活性化させ、また雇用の場を生み出すというメリットがあります。しかし一方で、企業による組織的な不祥事、消費者への詐欺的取引、過酷な労働環境による過労死、環境破壊等の問題もたびたびメディアを騒がせています。そうした中、法令を遵守していないと判断された企業への風当たりは大変厳しくなっています。CSRには、企業による社会貢献活動なども含まれますが、**法令遵守も重要な構成要素**となっています。

　法令遵守は、コンプライアンスとも呼ばれています。コンプライアンス違反をしてしまった場合、企業は①刑事上の責任（役員・従業員・企業自体に対する懲役・罰金等の刑罰）、②行政処分（営業停止・免許取消・課徴金の支払い等）、③民事上の責任（被害者からの損害賠償請求、責任追及等の訴え）、④社会的制裁（消費者による不買運動、企業イメージの低下等）というリスクを負います。

第 7 章

労働法

企業と従業員の間のルールである
労働法を学びます。残業代や有給休暇など
身近な話題もあれば労働組合や労災もあり、
盛りだくさんな内容です。

01 労働契約と労働法のしくみ

労働者を守る労働法は、
実はさまざまな法律が集まってできた概念です

労働契約では契約自由の原則が修正される

AがBをアルバイトとして時給1,000円で雇ったとします。人を雇う契約も、労働契約（雇用契約）という立派な契約です。労働者は働く義務を負い、使用者は給料を払う義務を負います。そのほか、使用者は労働者の身体や健康に配慮する**安全配慮義務**を負っています。

しかし、労働契約においては、使用者のほうが労働者より立場が上なことが多いです。そのため、労働者は時給に少々不満があっても、労働契約を結ばざるを得ないことがあります。

そこで、労働契約の場面においては、労働法によって、「公序良俗に反しないかぎり、どんな契約を結んでもよい」という**契約自由の原則**が修正されています。最低賃金の定めはその具体例です。

労働法とはさまざまな法律の集合体

実は「労働法」という法律はありません。さまざまな法律が集まって、労働法という法体系を形成しているのです。

まず、**労働基準法**という法律があります。これは、「労働時間は1日8時間までが原則」、有給休暇はどれくらい付与しなければならないかなど、**最低限の労働条件について定めている法律**です。労働基準法が守られているか、企業を監督する機関は**労働基準監督署**です。

次に、**労働契約法**があります。これは、労働契約の際に時給や労働時間等、労働条件をどのように定めるのかを規定する法律です。

さらに、労働組合について定めた**労働組合法**というものもあります。このほかにも多くの法律があります。右ページを参照してください。

◎ 労働法はさまざまな法律の集まり

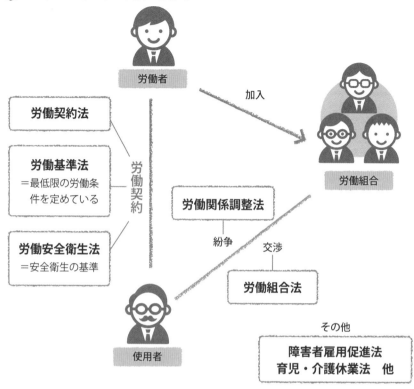

労働者

労働契約法

労働基準法
＝最低限の労働条件を定めている

労働安全衛生法
＝安全衛生の基準

労働契約

使用者

加入

労働組合

労働関係調整法

紛争　　交渉

労働組合法

その他

障害者雇用促進法
育児・介護休業法　他

労働者災害補償保険法
（労災保険法）

業務上の事由または
通勤による負傷、疾病、
障害、死亡等

職業安定法
雇用保険法

失業

ワンポイント

労働者災害補償保険法（労災保険法）とは？

労災保険法は、労働者災害補償保険（使用者の加入が義務付けられている強制保険）により、業務上の事由または通勤による労働者のケガや死亡についての補償を定める法律です。たとえ会社が労災に未加入でも、労働者は補償を受けることができます。

02 労働契約はどのように 決まる？

労働条件は労使間の個別契約が基本だが、
就業規則や労働協約との関係も知っておこう

「就業規則」とは労働契約の内容を定めたもの

労働契約は、使用者と労働者との間の契約によって成立します。

しかし、アルバイトを含め、多くの従業員を雇い入れる企業が、個別に労働条件を定めることは困難です。そこで、労働者が守るべきルールを定めた就業規則によって、労働契約の内容を定めることができます。就業規則は労働契約の約款（175 ページ）ですので、**内容が合理的で周知されていれば**、労働者の個別の同意がなくても、契約内容は就業規則どおりになります。

労働組合と使用者の間で決める「労働協約」

労働組合と使用者との間で定めた労働条件その他についての協定を労働協約といいます。

たとえば、労働協約で時給 1,200 円と定めた場合、締結した労働組合の組合員である労働者の労働条件は労働協約どおりになります。非組合員には労働協約の効力は及ばないのが原則ですが、当該労働協約が**事業場の4分の3以上の労働者を対象**とするときは、その事業場のすべての労働者に効力が及びます。

「個別契約」「就業規則」「労働協約」の関係

また、個別契約では時給 1,200 円ですが、就業規則では 1,400 円の場合、実際の労働条件はどうなるのでしょうか。個別契約と就業規則では、労働者に有利なほうが優先されます。したがって、時給 1,400 円となります。

ただし、労働協約がある場合は、労働者の有利不利を問わず、労働協約が優先されます。

◎ 労働契約の決まり方

【パターン1】　　　　　　　　　　　　　　　　　　【パターン2】

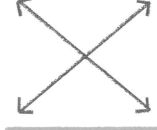

【パターン1】		【パターン2】
①労働協約	**労働協約とその他の関係** 労働者の有利不利を問わず、 労働協約が優先される	①労働協約
②個別契約 （就業規則より 有利なもの）		②就業規則
③就業規則	**個別契約と就業規則の関係** 労働者に有利なほうが 優先される	③個別契約 （就業規則より 不利なもの）

自分の労働条件を確かめるためには、①（加入組合の）労働協約、②個別契約、③就業規則の3つをチェックする必要があります

03 「就業規則」に記載するべき内容とは？

就業規則は使用者が決めますが、
労働者の意見を聞く必要があります

常時10人以上労働者を雇用する事業所では必須の就業規則

　就業規則は、労働条件について使用者が一方的に定めたルールです。前の項目（182ページ）で扱ったとおり、内容が合理的で労働者に周知されていれば、そのまま**労働契約の内容**となります。

　就業規則を作成するか否かは、本来、使用者が自由に決められるのが原則です。しかし、**常時10人以上の労働者**を使用する使用者は、必ず就業規則を定めなければなりません。

　就業規則を作成するにあたっては、当該事業場の**労働者の過半数で組織される労働組合、組合がない場合には労働者の過半数を代表する者の意見**を聞いた上で、その意見書を添付して所轄の労働基準監督署長に提出します。なお、労働者側の意見を聞くだけであって、同意を取る必要まではありません。

　就業規則が法令や労働協約に反する場合、労働基準監督署長は変更を命じることができます。

就業規則の記載事項

　必ず記載しなければならない事項を**絶対的記載事項**、定めるなら記載しなければならない事項を**相対的記載事項**といいます。それぞれの主な内容は、右図のとおりです。

　企業は就業規則を労働者に不利なものに変更し、労働条件を切り下げることもできます。ただし、その変更を**労働者に周知し、かつ変更内容が合理的であることが必要**になります。

◎ 就業規則の記載事項（主なもの）

絶対的記載事項

- 始業・終業の時刻
- 休憩時間
- 休日・休暇
- 就業時転換に関する事項
- 賃金（臨時の賃金等を除く）に関する事項
- 解雇事由等の退職に関する事項

相対的記載事項

- 退職手当に関する事項
- 臨時の賃金等に関する事項
- 食費・作業用品等に関する事項
- 安全・衛生に関する事項
- 職業訓練に関する事項
- 災害補償・業務外の傷病扶助に関する事項など

ワンポイント

シフト勤務の場合、就業規則に載せるべき内容は？

就業時転換（労働者を2組以上に分けて交替に就業させる場合）を
採用している場合には、「交替期日」「交替順序」等に関する事項を
就業規則に記載する必要があります。

こんな労働契約は禁止されている！

労働基準法によって均等待遇原則違反などが禁止されています

労働契約が成立すると、使用者は指揮命令権を持ちますが、賃金支払義務を負います。逆に言うと、労働者は使用者の指揮命令に服従する義務と、賃金を請求する権利を得るわけです。

労働契約は、次のように期間によって2つに分けられます。

①**期間の定めのある労働契約**：有期労働契約（契約社員など）、派遣社員など。

②**期間の定めのない労働契約**：無期労働契約（正社員など）。

有期労働契約の場合、労働契約の期間が長いと、労働者はそれだけ拘束されることになります。それは労働者を縛ることになるので、期間の最長は**原則3年**となっています。しかし、高度の専門的知識等を有する労働者や満60歳以上の労働者は上限が5年とされるなど、一定の例外も含まれています。

無期労働契約の場合、労働者は原則、辞める2週間前に使用者に通知することによって、いつでも労働契約を解約することができます。

一方、有期労働契約の場合、期間満了前は、労働者はやむをえない事由がないかぎり退職できません。もし勝手に退職すると、使用者から損害賠償を請求されることもあります。

労働条件は契約を結ぶ前に明示しなくてはならない

労働契約を締結するに際して、使用者は労働者に**賃金、労働時間その他の労働条件を明示する義務**があります。その中でも労働契約の期間や就業場所、従事する業務内容など、厚生労働省令が定める**一定事項に関しては、書面の交付による明示が必要**です。

また、これ以外にも、労働基準法によって労働契約の内容は規制されています。主なものを右図にまとめておきます。

◎ 労働基準法で禁止されている労働契約

使用者 → 禁止 → 労働者

「あなたは外国人だから給与を
下げるよ」
→ 均等待遇原則違反

「遅刻1回につき罰金○円」
→ 損害賠償額の予定の禁止

「以前、あなたに貸した10万円と
給与を相殺する」
→ 前借金相殺の禁止

「うちは月10万円、給与から必ず
貯金させている」
→ 強制貯金の禁止

「タコ部屋に住んで働け。
外出も携帯電話も禁止」
→ 強制労働の禁止

平等に反する行為や、
労働者を縛る契約が
禁止されています

労働契約における「賃金」とは、労働の対価として使用者が労働者に支払うすべてのものをいいます。**賞与（ボーナス）、手当等も賃金**というところがポイントです。賃金の支払いについては、5つの原則があります。

①**通貨払いの原則**：通貨で支払います。商品券や小切手、現物支給などは禁じられています。

②**直接払いの原則**：労働者本人に支払うのが原則です。ただし、本人が病気の場合などに、家族などの使者に渡すことは許されています。

③**全額払いの原則**：賃金は所定支払日に支払うことが確定している全額を支払わなければならないとする原則です。

④**毎月1回以上払いの原則**：暦月で毎月1日から月末までの間に少なくとも1回以上支払うのが原則です。年俸制であっても、分割して毎月支払います。

⑤**一定期日払いの原則**：賃金は毎月一定の期日を定めて、定期的に支払わなければならないという原則です。

賃金については5年（当分の間3年）退職手当についても5年で時効となります。これらの年数が経過すれば、労働者は使用者に請求できなくなります。なお、最低賃金法によって最低賃金が定められています。

法律で定められている労働時間はどれくらい？

労働時間は、**1日8時間以内、1週間につき40時間以内**です。ただし、休憩時間は除いて数えます。これを**法定労働時間**といいます。なお、休憩といいつつ、電話番等をしている場合は、その時間も労働時間に数えます。休憩とは、完全に労務から解放されていなければならないものだからです。

なお、法定労働時間を超えて残業をさせる場合には、時間外・休日労働の要件を満たす必要があります（190ページ）。

◎ 賃金支払いの5原則

 使用者

¥ 給与 →

 労働者

①通貨で払う　　商品券を渡す　＝通貨払いの原則

②直接労働者に払う　親に払う　＝直接払いの原則

③全額払う　　　　　　　　　＝全額払いの原則

④毎月払う　　　　　　　　　＝毎月1回以上払いの原則

⑤定期的に払う　毎月25日払い　＝一定期日払いの原則

📖🖊 **ワンポイント**

間違って給与を払いすぎたら、翌月は減らしてもいい？

たとえば、10月に会社が従業員に給与を誤って払いすぎていた場合、11月の給与から差し引くことは許されるのでしょうか。これを調整的相殺の問題といいます。判例は、①過払いのあった時期と清算時期が近いか、②労働者の同意や労働者への予告があるか、③金額が多額かどうかを考慮し、労働者の生活の安定をおびやかすおそれがない場合は適法としています。

使用者は労働者に対して、毎週少なくとも1回の休日を与えなければなりません。法律上は、週休2日制は要求されていないのです。

　ただし、就業規則や個別の契約等において変形休日制を採用している場合は、4週間を通じ4日以上の休日を与えることもできます（**変形週休制**）。その場合は、4週間の起算日も定める必要があります。

時間外・休日労働について法律ではどう定められている？

　企業では労働者に18時の定時を超えて労働させたり、日曜日に出勤させたりすることが必要になることがあります。働き方改革でも問題となっている時間外労働や休日労働について、労働基準法ではどのように定めているのでしょうか。

　労働者に、時間外や休日労働をさせるためには、まず、就業規則や個別の契約、労働協約等において、**時間外労働や休日労働をさせることができる旨の定めが必要**です。これは契約の問題です。

　さらに、使用者は、当該事業場の**労働者の過半数で組織する労働組合**がある場合はその労働組合と、ない場合には**労働者の過半数を代表する者**と、署名による協定（**36協定**）を結び、所轄の労働基準監督署長に届け出ることが必要になります。36協定は、正式には「時間外労働・休日労働に関する協定」といいます。これがないと、罰せられることがあります。

　災害など避けることのできない事由で臨時の必要がある場合には、使用者は行政官庁の許可を受けて、労働者に時間外や休日労働をさせることができます。たとえば台風で突発的に機械が故障した場合などです。

　また、一定の公務員については、公務のために臨時の必要がある場合には、時間外や休日労働をさせることが認められています。

◎ 時間外労働、休日労働、深夜労働（午後10時～午前5時）の割増賃金

労働の種類	割増賃金
時間外労働	通常の賃金×0.25
休日労働	通常の賃金×0.35
深夜労働	通常の賃金×0.25
時間外労働＋深夜労働	（通常の賃金×0.25）＋（通常の賃金×0.25）
休日労働＋深夜労働	（通常の賃金×0.35）＋（通常の賃金×0.25）
休日に8時間を超えて労働させた ※休日には時間外労働の概念がない	通常の賃金×0.35

※使用者が1か月に60時間を超えて時間外労働をさせた場合には、さらなる割増賃金を支払わなくてはならない

上記の1か月60時間を超える時間外労働の割増賃金は、中小企業では猶予されていましたが、2023年4月に猶予期間が終了します

 Check Test

内容が正しいものには○を、誤っているものには×をつけなさい。

① 契約自由の原則があるから、事業者と消費者間の契約においても、事業者の債務不履行責任を全部免除する条項は有効である。

② 割賦販売法はクレジットカード取引全般に適用されるので、クレジットカード1回払いで物品を購入したときにも適用がある。

③ 就業規則に時給1,200円と書いてあるが、個別に時給1,400円と契約を結んだとき、労働者の時給は1,400円となる。

答え　①×（164ページ）　②×（166ページ）　③○（182ページ）

07 「みなし労働時間制」の3タイプ

「みなし労働時間制」は、外回りの営業など、
労働時間の算定が難しいときに使われます

外回りの営業など、**労働時間の算定が困難な業務や、業務の遂行方法を労働者自身の裁量に委ねる必要がある業務**等には、みなし労働時間制を採用することが有用です。

「みなし労働時間制」の3タイプ

仕事内容によって、みなし労働時間制は次の3つの形態があります。

①事業場外労働に関するみなし労働時間制

労働者が労働時間の全部または一部について事業場外で業務に従事し、労働時間の算定が困難な場合、所定労働時間を労働したものとみなされる制度です。外回りの営業などに使われます。

②専門業務型裁量労働に関するみなし労働時間制

業務の性質上、その業務の遂行方法を労働者に委ねる必要がある業務については、労使協定により定めた時間を労働したものとみなす制度です。研究開発やデザイン等の業務に使われます。

③企画業務型裁量労働に関するみなし労働時間制

労使委員会が設置された事業場において、事業運営に関する企画、立案、調査、分析等の業務を行う労働者についても、裁量労働に関するみなし労働時間制を採用することができます。

「フレックスタイム制」や「変形労働時間制」

変形労働時間制とは、一定期間の平均週労働時間に**40時間**という上限を設けた上で、特定の週や日に法定労働時間を超えて労働させることを認める制度です。

主な種類とその内容は右図のとおりになります。

◎ 労働時間の弾力的な規制

1か月単位の変形労働時間制

第1週の労働時間が50時間、第2週以降は35時間など。月内の各週の平均労働時間を40時間以下とする。月内で繁閑がある場合。

1年単位の変形労働時間制

例) 繁忙期は週休1日、そうでない時期は週休2日。
エアコン工場など季節に応じた繁閑がある場合。

1週間単位の非定型的変形労働時間制

例) 前の週の土曜日までに、来週月曜は10時間、火曜は6時間など通知する。小規模事業限定。小売業、旅館、料理店、飲食店限定。

フレックスタイム制

例) コアタイムが11時〜16時(休憩を含む)で、その間は絶対出勤していなくてはならない。残りの4時間の労働時間は、たとえば8時出社17時退勤でも、11時出社20時退勤でもOK。

上記の制度を導入する際は当然、就業規則等で定める必要があります

08 企業が守るべき 休憩・有給休暇のルール

休憩時間に電話番をさせるのは違法。年休の 時季は会社が指定できるが、取り方は自由

休憩時間も法律で定められている

使用者は労働者に対して、業務中に、右ページの表にある休憩時間を与えなければなりません。休憩時間とは、労働者が**労働義務から完全に解放されている時間**のことをいいますので、電話番などの業務をさせることはできません。

有給休暇は年に何日以上と決められている？

使用者は、労働者を雇い入れた日から数えて6か月以上継続勤務し、かつ全労働日の8割以上出勤した労働者に対して、10労働日の**年次有給休暇**（年休）を与える必要があります。

有給休暇は、原則として労働者が請求する時季に与えなければならず、労働者は10日を続けて休んでも、分割してもかまいません。ただ、**事業の正常な運営を妨げる場合には、使用者は他の時季に有給休暇を変更して与える**ことができます。

年次有給休暇の日数は最初10日ですが、その後1年の継続勤務ごとに日数が加算されていきます。

育児・介護休業も保障されている

育児休業は、原則、1歳未満の子を養育する労働者が取得することができる制度です。使用者との雇用関係を継続させたまま、休業を取得することができます。

介護休業は、要介護状態にある配偶者・両親等を介護するために、労働者が休業することができる制度です。

その他、子の看護休暇、介護休暇や、生理休暇という制度もあります。

◎ 休憩時間

労働時間	休憩時間
～6時間	与えなくてもよい
6時間超～8時間	45分
8時間超	1時間

◎ 年次有給休暇の日数

継続勤務日数	6か月	1年6か月	2年6か月	3年6か月	4年6か月	5年6か月	6年6か月～
年休の日数	10	11	12	14	16	18	20

◎ 時季指定権と時季変更権

8月23日に
有給休暇を取りたいです

その日は人が足りないから、
8月24日にしてくれ

会社は従業員の有給休
暇取得に備え、ある程
度人員に余裕を持たせ
る必要があります

労働者	使用者
時季指定権	時季変更権

09 正社員の退職に 適用されるルール

正社員のように期間の定めがない労働契約の
終了に関して守るべきルールを押さえよう

正社員は、期間の定めがない労働契約に基づいて雇用されます。これは定年まで、あるいは労働者が死亡するまで雇用することが前提の制度です。

高齢者の雇用を促進する法律が施行されている

定年とは、65歳など、ある一定の年齢に達したときに労働契約が終了する制度をいいます。男女雇用機会均等法により、性別を理由とした定年の差別は禁止されています。

また、**高年齢者雇用安定法**では、定年の定めは60歳を下回ってはならないと決められています。これは、高年齢者の雇用促進の観点からの定めです。

さらに、**65歳までの安定した雇用を確保するために**、①65歳までの定年延長、②継続雇用制度（定年後も労働条件を変えて働く制度）、③定年の定めの廃止のいずれかの措置を講ずることが義務付けられています。また、70歳までの就業確保措置は、努力義務となっています。

「合意解約」と「解約の申し入れ」の違い

労働契約も契約ですから、**使用者と労働者の合意で解約**することができます。たとえば、会社側が労働者に「辞めてくれ」と話しても、労働者が望まなければ、労働契約は継続されます。労働者が同意すれば、合意解約となります。ただし、ここでも詐欺や強迫、錯誤等の規定は適用され、そうした事由により解約の意思表示をした場合は取り消すことができます。

なお、期間の定めのない労働契約では、労働者はいつでも解約（辞職）の申し入れをすることができ、**申し入れをした日から2週間**が経過すると、労働関係は終了します。ただし、月払いなど、期間によって報酬を定めている場合は、少し違うルールが適用されます。

◎ 合意解約と取消し

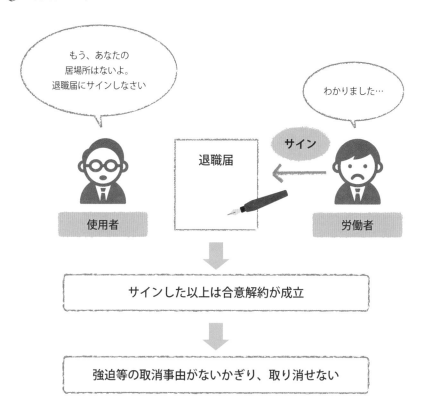

もう、あなたの
居場所はないよ。
退職届にサインしなさい

わかりました…

サイン

退職届

使用者

労働者

サインした以上は合意解約が成立

強迫等の取消事由がないかぎり、取り消せない

 ワンポイント

退職に関わるトラブルを防ぐために

退職合意があったか否かはしばしばトラブルになります。会社側は、従業員が任意に（つまり、本人の自由意思によって）退職したという証拠を書面等で残しておくと、トラブルを防げるでしょう。一方、働く側は労働契約の継続を希望するのであれば、まずは退職に合意しないことに尽きます。

10 従業員を解雇できるケース、できないケース

従業員を解雇する場合は原則、4つの要件を満たす必要があります

　解雇とは、**使用者が一方的に労働契約を終了させること**をいいます。労働契約の解除です。期間の定めがある契約の場合も、期間の定めのない契約の場合も、解雇はあり得ます。

　解雇するためには、次の要件を満たす必要があります。

①解雇の時期が解雇制限期間にあたらないこと

　具体的には、労働者が業務上の負傷・疾病により、療養のために休業する期間とその後の30日間、女性が産前産後に休業する期間とその後の30日間は解雇できません。これは労働者がケガや出産等で大変なときに解雇すると、次の就職先を探せず困るからです。ただし、使用者が、天災事変などのやむを得ない事情により事業の継続が不可能となった場合には、労働基準監督署長の認定を受ければ、この時期でも解雇できます。

②解雇予告

　解雇する場合、30日以上前にその予告をするか、30日分以上の賃金である**解雇予告手当**を支払う必要があります。ただし、天災事変により事業の継続が不可能になった場合、あるいは労働者が悪い場合は、労働基準監督署長の認定を受ければ、予告（予告手当の支払い含む）の義務がなくなります。

　ただし、予告の日数は何日か分の賃金を払えば、その日数分を短縮することができます。たとえば、20日分の賃金を支払うなら、10日前に予告してもよいなど、予告と解雇予告手当を併用できるのです。

③合理的な理由

　解雇が客観的に合理的な理由を欠き、社会通念上相当でない場合は、解雇権を濫用したものとして無効になります（右図）。

④就業規則への明記

　解雇事由が就業規則等に明記され、契約内容になっていることも必要です。

◎ 解雇権の濫用

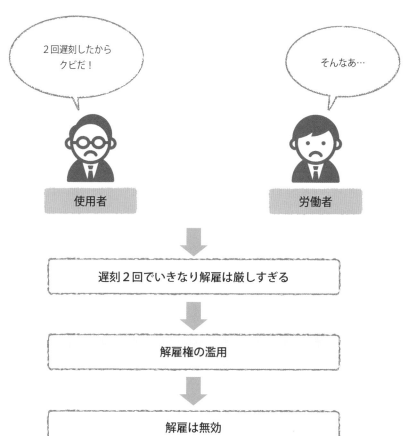

ワンポイント

そのリストラは不当か有効か？　判断基準４つのポイント

事業を継続することが困難な場合に行う人員整理を「整理解雇」といいます。いわゆるリストラです。整理解雇が有効か否かは、①人員整理の必要性、②解雇回避努力義務の履行、③被解雇者選定の合理性、④手続の妥当性の４要件を考慮して決められます。

11 契約社員など、期間限定の労働契約のルール

会社が解雇や雇止めをする場合、あるいは
労働者が自分から退職する場合の決まりとは？

労働契約には、3か月間限定で雇うなど、期間の定めのある契約があります。この場合、期間の満了により労働契約は終了します。

企業が解雇や雇止めで守るべきポイント

期間が満了する前には、使用者はやむを得ない事由がある場合でないと解雇できません。

さらに、契約社員など、有期労働契約を3回以上更新している労働者および雇い入れの日から起算して1年を超えて継続勤務している労働者に対して、その有期労働契約を更新しない場合（雇止め）には、**契約期間満了の30日前までに雇止めの予告**をしなければなりません（更新しない旨を明示していた場合を除く）。

また、契約更新を繰り返している場合など、継続雇用への期待が生じていれば、雇止めは解雇に等しいダメージを労働者に与えます。そこで、雇止めにも客観的で合理的な理由が必要です。

労働者が自分から退職する場合のルール

期間の定めのある労働契約の場合、労働者はやむを得ない事由があるときは直ちに契約を解除できますが、その事由が自分自身の過失による場合は損害賠償の責任を負います。たとえば、労働者が転職を予定していてその期間と重なるので退職を申し出たとき、それは労働者に過失があるでしょう。

ただし、1年を超える期間の定めのある労働契約の場合（一定の例外を除く）は、1年を経過した日以後においては、いつでも退職できます。**1年を超える労働契約は労働者の自由を縛るもの**なので、このようなルールが定められています。

◎ 雇止めが認められないケース

3か月の契約期間は満了した。
更新はしないよ。
お疲れさま

使用者

そんなあ。
30年も働いてきたから、
更新があると思っていたのに…

労働者

継続雇用への期待が生じていれば、
雇止めにも客観的で合理的な理由が必要

ただし、リストラ等の場面で、
「期間雇用者が正社員より不利
益に扱われるのはしかたない」
とするのが判例の傾向です

ワンポイント

雇止めには正社員の解雇に近いレベルの理由が必要な場合も

有期雇用の契約更新を繰り返している場合で、契約更新手続が形骸
化していれば、期間の定めのない労働契約とみなされることがあり
ます。このケースでの雇止めは、通常の正社員の解雇と同様となり、
正社員の解雇に要求されるレベルに近い客観的で合理的な理由が必
要となります。

12 労働組合に関する2つの法律を押さえよう

労働組合や労働争議の解決は、主に
労働組合法・労働関係調整法で定めている

「労働組合法」は労働者の地位向上を目的とした法律

労働組合法は、労働者の**団結権**を認め、使用者と対等な立場で交渉することを可能にし、労働者の地位を向上させるための法律です。

労働組合は、労働者が**2人以上**集まって形成します。労働者が主体となって自主的に活動しなければならないので、会社の経営者等は加入できません。

労働組合は使用者と、労働協約を締結することができます。労働協約が労働条件を決定することはすでに述べたとおりです（182ページ）。

労働組合には、その企業だけで結成される「企業別組合」、企業の枠を超えて一定の職種のみで構成される「職能別組合」、企業や職種の枠を超えた「一般労働組合」など、さまざまなものがあります。

使用者が労働組合に圧力をかけたり、労働組合の運動を妨害したりすることは、憲法で保障された団結権等を侵害する行為（**不当労働行為**）であるとして、禁止されています。

具体的には、①労働組合に加入し、または結成しようとしたこと等を理由にその労働者を人事等の面で不利に扱うこと、②労働組合との団体交渉を正当な理由なく拒否すること、③組合にお金を出したりして組合の結成・運営に対し支配・介入すること等が禁止されています。

労使間の紛争を解決する「労働関係調整法」

労働関係調整法とは、労働関係の公正な調整を図り、労働争議を予防し、または解決するための手続きを定めた法律です。この法律の定めにより、労使間の争いを解決するために、**労働委員会**（労働者の団結擁護・労働関係の公正な調整を行う行政委員会）によって右ページのような労働争議の調整が行われます。

◎ 労働関係調整法に基づく3パターンの手続き

使用者

労使関で
紛争が発生！

労働組合員

労働委員会

①あっせん

労働委員会のあっせん員が両者に助言して、あゆみ寄りを引き出す。

②調停

労働委員会の調停委員会が調停案を作成し、受諾を労使双方に勧告する。

③仲裁

労働委員会の仲裁委員会が裁定する（結論を出す）。
この結論に、労使双方が従わなければならない。

📖 ワンポイント

会社が不当労働行為を行うとどうなる？

労働者または労働組合が、労働委員会に不当労働行為があるとの申立てをなし、それが認められると、労働委員会が救済命令を出します。たとえば、会社が労働組合の団体交渉を不当に拒否している場合、誠実に団体交渉せよとの命令が出ます。

13 男女平等を促進する 「男女雇用機会均等法」

後を絶たない雇用における男女差別。マタハラ、セクハラを含め、気をつけるべきポイントは？

間接差別と直接差別の両方が禁止されている

男女雇用機会均等法（雇用の分野における男女の均等な機会及び待遇の確保等に関する法律）では、性別を理由として、募集・採用や配置・昇進、定年、解雇等の雇用に関して差別をすることを禁じています。

たとえば、「男性だけが総合職になれる」というように、性別を理由にして差別的に取り扱うことを**直接差別**といいます。一方、「身長175センチ以上の者のみを採用する」など、女性が満たしにくい要件を課すことを**間接差別**といいます。

省令では、①労働者の募集または採用にあたって、労働者の身長、体重または体力を要件とすること、②労働者の募集・採用、昇進、職種変更にあたって、転居を伴う転勤に応じられることを要件とすること、③労働者の昇進にあたり、転勤の経験があることを要件とすることは、間接差別として禁止されています。

マタハラやセクハラも厳禁！

妊娠・出産・産前産後休業の取得を理由とする解雇や不利益取扱い（**マタニティ・ハラスメント**、いわゆるマタハラ）も禁止されています。省令で4つの類型が定められています。

また、事業主には**セクシュアル・ハラスメント**（いわゆるセクハラ）を防止するための措置が義務付けられています。

マタハラやセクハラは不法行為になりますので、ハラスメントを行った者は損害賠償責任を負います。また事業主が使用者責任（68ページ）を負うこともあります。

◎ 2つのセクハラの種類と対策

> ### 対価型セクシュアル・ハラスメント

例）上司が部下の体に触り、抵抗すると「降格させるぞ」と言った。

> ### 環境型セクシュアル・ハラスメント

例）職場に女性のヌード写真が載っているカレンダーを貼っていた。

対応策

- セクシュアル・ハラスメントを認めない方針を明確化、周知
- 厳正に対処する旨を就業規則等に規定、周知・啓発
- 相談窓口の設置
- 事実確認
- 適切な措置の実施　など

📖 ワンポイント

ハラスメント被害者を泣き寝入りさせない通報窓口

男女雇用機会均等法は、セクハラを受けた労働者からの相談に応じ、適切に対応するために必要な体制の整備等、雇用管理上必要な措置をとることを求めています。たとえば、通報窓口の設置がこれにあたります。

14 派遣社員など「労働者派遣」のしくみ

臨機応変に人材確保ができる派遣
社員は多くの企業にとって不可欠の存在

派遣労働のしくみ

　自社で正社員を雇うと、一から教育したり、閑散期で必要ない時期も給与を払ったりする必要が出てきます。そこで、必要な期間だけ、即戦力を確保するために、**派遣労働者**を使うことが行われています。

　具体的にはA社（派遣元）がBを雇用して、C社（派遣先）に派遣します。あくまで雇用契約は派遣元A社とBの間でなされます。派遣先C社はBを雇用しません。あくまで、C社は現場で指揮命令し、Bを働かせるだけです。

　労働者派遣は給料について、派遣元事業者によるマージンなどの問題があるので、**労働者派遣法**による規制があります。そして、業として行うためには、厚生労働大臣の許可が必要です。

　派遣元事業者は、1年以上派遣される見込みがある等の一定の派遣労働者について、派遣先に直接雇うことを依頼するなど、雇用を継続させるための措置（**雇用安定措置**）を講じる必要があります。

派遣労働の期間制限は3年

　有期雇用の派遣労働者を派遣先が同一の事務所で受け入れることができる期間は、**原則として3年**までとなります（個人単位の派遣期間制限）。また、派遣元が同一の派遣労働者を、同一の組織（課、グループ等）に派遣できる期間も原則として3年までが上限です（事業所単位の派遣期間制限）。

　労働者派遣事業にはその他にも、さまざまな規制があります。たとえば、建設業、警備業、港湾運送業といった業種に労働者を派遣することは禁止されています。また、派遣労働者を派遣先からさらに派遣させること（再派遣）もできません。

◎ 労働者派遣のしくみ

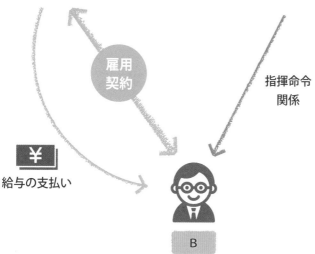

労働者派遣契約

A社
派遣元事業主

C社
派遣先事業主

雇用契約

指揮命令関係

¥

給与の支払い

B
派遣労働者

派遣労働者に休憩時間を与えるなどの義務は、派遣先であるC社にあります

ワンポイント

労働者派遣は契約が2本あることに注意！

上の図で労働者Bは、実際にはC社で働きますが、雇っているのはあくまでA社です。C社がA社に派遣料を払い、A社が労働者Bに給与を支払うことになります。

後で困らないために 知っておきたい！ ビジネス文書の重要ポイント

コラム 7

ビジネス実務法務の観点から、ビジネス文書の作成などについて特に気をつけたいポイントをまとめます。

①契約に関して、意思表示の証拠を残しておく

契約は原則として、口頭での意思表示によって成立します。ただ、後々、もしも紛争になったときに、**証拠がないと契約の成立を立証できない**ことになります。そこで、**契約書を作成することが望ましい**です。

契約書を作れない場合でも、できるかぎり、契約の申込みと承諾の意思表示の**証拠を残しておきましょう**。たとえば、発注書と請書、申込みのメールと承諾のメールなどです。

②署名と押印のセットが望ましい

署名とは自署、すなわち本人による手書きのサインのことをいいます。

一方、記名とは、ゴム印・ワープロを利用するなどして、署名以外の方法で氏名を表示することをいいます。**記名は押印とセットでないと、意味がありません。**

署名は単独でも意味をなしますが、やはり慎重を期すために、**押印とセットが望ましい**ことになります。

③実印・代表者印を押す

実印とは、個人が自分の印鑑を役所に届け出たものをいいます。**実印を押印して印鑑証明書を添付することで、本人が押印したという強力な証拠になります**。一方、法人の場合は、代表者印を法務局に届けているので、**代表者印**（これを「実印」ということもある）を押印して印鑑証明書を添付することで、同様の強力な証拠になります。

第 **8** 章

親族法・相続法

ここでは、結婚や離婚などの
家族に関する事柄や、亡くなった人の財産を
どのようにするかという相続の問題を扱います。
保険や不動産の業種には直接関係があり、
労務問題にも結び付いています。

01 結婚のしくみ

婚姻の成立する要件や結婚後の義務は？
結婚の基本ルールを知っておこう

　日本では、法律に定める以下の要件を満たし、届出をすると婚姻が成立します（法律婚主義）。

①**実質的要件**：真に夫婦生活を営み、婚姻届を出そうという**婚姻意思があり、婚姻障害がない**こと。婚姻障害とは、たとえば18歳に達していないなど、法律上婚姻できない事由をいいます。

②**形式的要件**：**婚姻届を出す**ことです。

婚姻が成立すると何がどう変わる？

　婚姻によって夫婦になると、どちらかの氏を称し（**夫婦同氏**）、同居・扶助（生活等を助け合うこと）・貞操の義務を負います。

　また、**婚姻中に夫婦間で締結した契約は、いつでも取り消すことができます**。ただし、第三者の権利を害することはできません。

夫婦の財産関係や分担する費用、責任の内訳は？

　夫婦は、婚姻届出前に財産関係について特別の契約をし、登記をすると、契約どおりの財産関係になります（**夫婦財産契約**）が、日本ではほとんど使われていません。契約をしないと、民法の規定に従います（**法定財産制**）。

　法定財産制では、**婚姻費用（生活費や養育費等一切）は夫婦で分担し、日常家事債務の連帯責任を負います**。たとえば、夫Aがつけで食料品を購入した場合、食料品店はAのみならず妻Bにも代金を請求できます。

◎ 日常家事債務の連帯責任

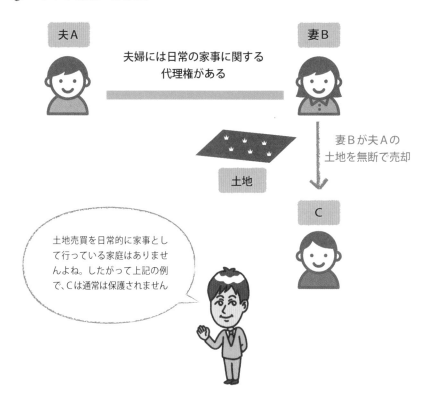

Cが土地の売却を、当該夫婦の日常家事の範囲内だと信じるにつき正当な理由がある場合には、Cは土地を取得できる（Cが保護される）

 **Check Test**

内容が正しければ○を、誤っていれば×をつけなさい。

36（サブロク）協定を結びさえすれば、就業規則や契約等に定めがなくても、使用者は労働者に時間外労働を命じることができる。

答え　×（190ページ）

02 夫婦の財産・離婚に関する法的なポイント

内縁関係の遺産相続、離婚の成立方法など、
争点になりやすいポイントを押さえよう

どの財産が個人のもので、どの財産が共有になる？

たとえば夫が婚姻前から持っていた土地は、婚姻後も夫のものです。婚姻中、妻が自分のお金で車を買ったら、その車は妻のものです。夫婦の共有財産とはなりません。これを**夫婦別産制**といいます。

結婚後、実際には夫婦の財産は混ざります。たとえば車を買った場合、それは夫のお金で買ったのか妻のお金で買ったのかわからなくなることがあります。その場合、それは夫婦の共有だと推定されます。

夫（妻）が死亡すると、妻（夫）や子などが財産を相続します。一方、内縁の夫婦間には相続権がありません。内縁とは、実質的には夫婦生活を営みながら、婚姻届を提出していない男女関係のことをいいます。しかし、労災関係の分野など、できるかぎり夫婦と同様の扱いをしようとする法律は多いといえます。

離婚の成立方法には主に３つある

日本では、夫婦が協議して離婚に納得すれば、離婚できます。これを**協議離婚**といいます。協議離婚のためには、①離婚の実質的要件：当事者が離婚届を出す意思と、②形式的要件：離婚届を出すことが必要です。

なお、婚姻成立の場合と違い、離婚には、実質的な夫婦関係を解消させる意思は必要ありません。つまり、戸籍上は離婚した上で、変わらずに同居を続け、お互いに愛し合っている状態でも、離婚としては有効なのです。

協議離婚ができないと、家庭裁判所で話し合いによる離婚（**調停離婚**）が試みられ、それでもうまくいかなければ裁判で離婚することになります。ただし、**裁判離婚**は相手方の不貞行為など、法律で定める離婚原因がなければ認められません。

◎ 離婚の効果

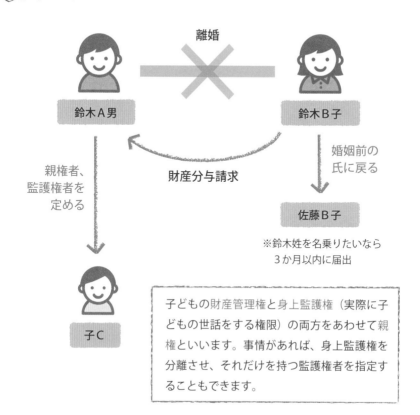

離婚

鈴木A男 ✕ 鈴木B子

親権者、
監護権者を
定める

財産分与請求

婚姻前の
氏に戻る

佐藤B子

※鈴木姓を名乗りたいなら
3か月以内に届出

子C

> 子どもの財産管理権と身上監護権（実際に子
> どもの世話をする権限）の両方をあわせて親
> 権といいます。事情があれば、身上監護権を
> 分離させ、それだけを持つ監護権者を指定す
> ることもできます。

ワンポイント

離婚するときの財産分与にはどんなものがある？

結婚すると、それぞれ持っていた財産が混ざってしまうので、離婚
するときには財産を分ける必要があります。それを、①清算的財産
分与といいます。これが財産分与の本質なのですが、ほかに②扶養
的財産分与（離婚後生活が苦しくなる者へ財産を与えること）、③慰
謝料的財産分与（慰謝料を支払うこと）を行うことができます。

03 遺産は誰が優先的に相続するのか？

財産相続では誰が優先的に受け取るのか、
民法で詳細が決まっています

基本は遺言に従って分配される

　亡くなった人の財産や権利義務を、一定の親族等が受け継ぐことを**相続**といいます。亡くなった人を**被相続人**、遺産を受け継ぐ人を**相続人**といいます。プラスの財産だけではなく、借金等のマイナスの財産も引き継いでしまうので注意が必要です。では、誰がどれくらい、受け取ることになるのでしょうか。

　まず、亡くなった人の**遺言**（いごん、ゆいごん）がある場合には、その遺言に従って分配されます。たとえば、「土地は長男、預金は長女」といった遺言があれば、そのとおりに財産が分配されます。そして、**法定相続人**（法律上相続できる者）以外の人に財産を遺言で受け継がせることもできます。このことを**遺贈**といいます。ただ、いずれの場合でも**遺留分**（遺族の最低限の取り分）を侵害することはできません。

遺言がない場合にはこうなる

　遺言がない場合は、**法定相続人に法定相続分が分配**されます。

　法定相続人に関しては右図で、法定相続分に関しては次の項目（216ページ）で解説します。

　誰が法定相続人として認められるのかですが、まず、配偶者がいれば、必ず相続人になります。次に、子ども（第1順位）がいれば子どもが、子どもがいなければ親などの**直系尊属**（第2順位）が、直系尊属もいなければ兄弟姉妹（第3順位）が相続人となります。

　すなわち、配偶者＋子、子がいなければ配偶者＋直系尊属、直系尊属もいなければ配偶者＋兄弟姉妹が相続できるということです。

法定相続人の順位

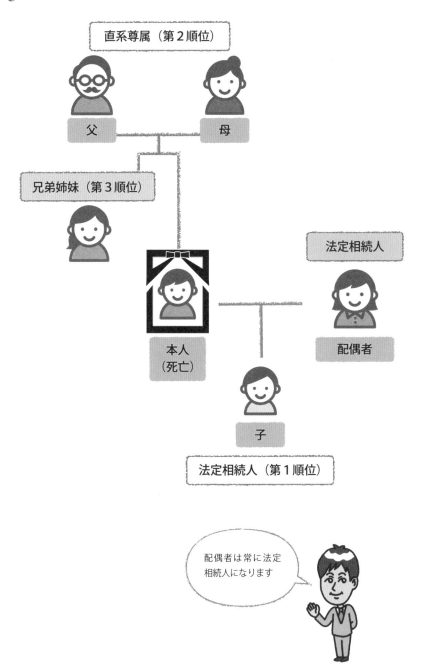

直系尊属（第2順位）

父　　母

兄弟姉妹（第3順位）

法定相続人

本人
（死亡）

配偶者

子

法定相続人（第1順位）

配偶者は常に法定
相続人になります

04 誰がどれくらい相続するのか？

遺言がなければ、まずは配偶者が相続、
あとは法定順位に従って平等に分けるのが原則

法定相続人がそれぞれ、**どのくらいの割合の遺産を受け取るか**を法定相続分といいます。

ケース①　配偶者と子が相続人

配偶者は２分の１、子どもが２分の１となります。子どもが複数いる場合は、子ども全体で２分の１となり、それを子ども同士で平等に分けます（右ページ例１）。

ケース②　配偶者と直系尊属が相続人

配偶者は３分の２、直系尊属が３分の１となります。直系尊属とは親や祖父母など、家系図で直接つながった上のほうをいいます。直系尊属が複数いる場合は、親等の近い者のみが法定相続人です。たとえば、両親と祖父母がいる場合、両親のみが相続権を持ちます。

同一親等の者が複数いる場合は、平等に分けます。この点は、ケース①の子どもが相続する場合と同じです。右ページ例２を見てください。

なお、親等とは親族間の遠近を表す単位です。

ケース③　配偶者と兄弟姉妹が相続人

配偶者４分の３、兄弟姉妹４分の１となります。複数いる場合は、平等に分けるのは今までと同様です。なお、兄弟姉妹のうち、亡くなった人と片親が違う者は、他の兄弟姉妹の半分しかもらえません。

孫や甥・姪が相続する「代襲相続」

生きていれば法定相続人になるはずだった子や兄弟姉妹がすでに死亡していた場合、孫や甥、姪が相続できます。これを代襲相続といいます（右ページ例３）。さらに、孫が死亡していた場合、その子であるひ孫が代襲相続できます（**再代襲相続**）。一方、甥や姪の子は相続できません。

◎ 法定相続の例

例1　配偶者＋子2人

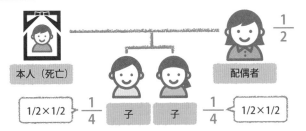

本人（死亡）　　子　　子　　配偶者

$\dfrac{1}{2}$ 配偶者

$1/2×1/2$ $\dfrac{1}{4}$ 子　子 $\dfrac{1}{4}$ $1/2×1/2$

例2　配偶者＋親2人（子どもなし）

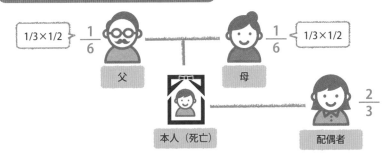

$1/3×1/2$ $\dfrac{1}{6}$ 父　母 $\dfrac{1}{6}$ $1/3×1/2$

本人（死亡）　配偶者 $\dfrac{2}{3}$

例3　配偶者＋兄弟姉妹（代襲相続あり）

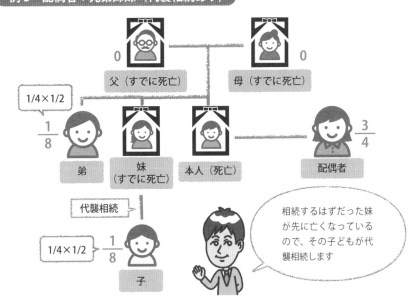

父（すでに死亡）0　　母（すでに死亡）0

$1/4×1/2$ $\dfrac{1}{8}$ 弟　妹（すでに死亡）　本人（死亡）　配偶者 $\dfrac{3}{4}$

代襲相続

$1/4×1/2$ $\dfrac{1}{8}$ 子

相続するはずだった妹が先に亡くなっているので、その子どもが代襲相続します

05 遺産争いの解決法には どんなものがある？

遺言で全財産を愛人に指定していても
遺族は生活保障に相当する分は受け取れる

遺留分とは、配偶者や子どもの、**相続財産の最低限の取り分**のことをいいます。遺族の生活保障のために認められています。

遺留分の権利があるのは、配偶者、子、直系尊属にかぎられます。兄弟姉妹にはありません。

遺留分は相続分をベースに計算します。相続人が直系尊属のみである場合は法定相続分の3分の1、その他の場合は2分の1となります。

また、遺留分は自分で行動を起こさなければもらえません。具体的には**遺留分侵害額請求**をしなければなりません。たとえば、死亡した本人の遺言によって全財産が愛人に行くことになっていた場合、配偶者などが遺留分侵害額請求をしなければ、受け取ることができません。

なお、2018年に相続法が改正され、金銭の返還しか求められなくなりました。また、原則として相続開始前1年（相続人の場合は10年）の贈与と遺贈のみが請求の対象になります。

遺産分けは話し合いで決めるのが原則だが…

たとえば、Aが亡くなり、唯一の財産が甲土地だけだったとしましょう。相続人は子どものBとCの2人です。この場合、まず甲土地はBとCの共有になり、その後、甲土地をどのように分けるか（物理的に半分にするか、全部Bのものにして、BからCに代償金を払うか）を決める必要があります。この遺産を分ける手続きを**遺産分割**といいます。

遺産分割は、相続人の協議で行うのが原則です（**遺産分割協議**）。たいていの場合、遺産分割協議書を作成します。そして、遺産が土地であれば、この協議書をもとに土地の移転登記等をします。協議が調わない場合は、家庭裁判所の調停（裁判所を交えた話し合い）や審判で遺産分割をします。

◎ 遺留分侵害額請求

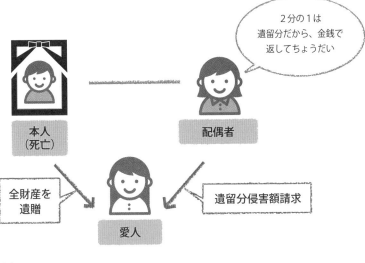

◎ 遺産分割

06 借金など "負の遺産" を 相続しないためには？

遺産を相続するもしないも自由に決められます。
借金などの負の遺産があれば相続放棄もできます

借金を相続したくないときは相続放棄の手続きが必要

　相続には借金など、負の遺産も含まれます。親が亡くなったときに借金まみれであれば、相続したくない場合もあるものです。逆にプラスの財産ばかりで、相続したい場合もあるでしょう。

　親の遺産を相続するには相続の承認、相続しないときには**相続放棄の意思表示が必要**です。相続の承認や放棄は、家庭裁判所で手続きします。

承認と放棄、３つの方法とその手順

①単純承認：**遺産をすべて引き継ぐ**

　単純に、自分の相続分のプラスの遺産もマイナスの遺産もすべて受け継ぐことをいいます。何も手続きをしなければ、勝手に単純承認になります。これを**法定単純承認**といいます。

②限定承認：**プラスの遺産の範囲内でマイナスの遺産の責任を負う**

　マイナスの遺産のほうが多いが、親の家は絶対に手放したくない。そんなときに使われるのが限定承認です。財産目録（財産のリスト）を作り、共同相続人全員で家庭裁判所に対して、**相続開始を知った日から３か月以内**に手続きをする必要があります。

③相続放棄：**すべて放棄する**

　プラスの遺産もマイナスの遺産もすべて受け継がないということができます。プラスの遺産より借金のほうが多いときによく使われます。**相続開始を知った日から３か月以内**に家庭裁判所に相続放棄の旨を申し出なければならないので、注意が必要です。期限を延長したい場合は、３か月以内に家庭裁判所で手続きをします。

◎ 限定承認の例としくみ

親が亡くなり、子どものAは唯一の相続人です。親の遺産を調べてみると、3,000万円相当の土地建物（家）と 5,000 万円の借金がありました。しかし、Aは、この家には強い思い入れがあり、絶対に手放したくありません。

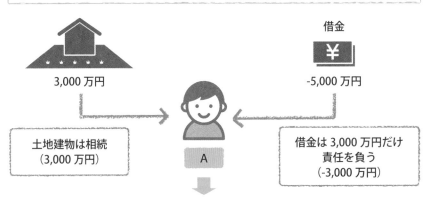

借金

3,000 万円　　　　　　　　　　　　　-5,000 万円

土地建物は相続
（3,000 万円）

A

借金は 3,000 万円だけ
責任を負う
（-3,000 万円）

限定承認をすると ±0 円に！

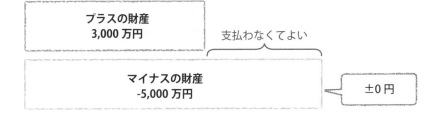

プラスの財産
3,000 万円

支払わなくてよい

マイナスの財産
-5,000 万円

±0 円

実際は限定承認は相続人全員で
行わなければならず、相続税が
高くなることもあるので、使い
にくい制度になっています

07 相続トラブルを起こさない 遺言の作り方

せっかく遺言を作っても、一定の要件を
満たさなければ、効力が認められない場合も

　遺言がなければ、法定相続人には法定相続分の遺産が分配されることになります。この**ルールどおりに遺産を分配したくない場合は、遺言を作成**しなければなりません。遺言には厳格なルールが定められており、それに反した遺言は無効です。なお、遺言の撤回も遺言の方式によって行うことができます。複数の遺言があり内容が異なる場合、日付が新しい方が有効です。

効力が認められる遺言の要件とは？

①自筆証書遺言

　遺言者が遺言書の全文・日付・氏名を自書し、押印する遺言です。全文を自書する必要があるので、パソコン等を用いてはなりません。また、年月日を特定する必要があるので日付まで書きます。押印は実印でなくても、認印でも拇印でもかまいません。

　なお、財産目録を別紙で添付する場合は、自書でなくてもよいとの改正がなされています。

②公正証書遺言

　遺言者が口授（くじゅ）した内容を、公証人が公正証書の形で作成する遺言です。原本が公証役場に保管されるので安心です。

　手順としては、まず証人2人以上の立ち会いのもとで、遺言者が遺言の趣旨を公証人に伝え、公証人が公正証書にまとめます。その後、遺言者に読み聞かせ、または閲覧させたのち、遺言者および証人が公正証書に署名すると、公正証書遺言が成立します。

③秘密証書遺言

　遺言を封印し、中身を秘密にしておける遺言の方式です。実際にはあまり使われていません。

武山　茂樹（たけやま　しげき）
弁護士。北海道出身。京都大学法学部卒業。国家公務員I種試験（法律職）合格。
LEC東京リーガルマインドで公務員試験対策や宅建士講座を教える中、第1回司法試験予備試験に合格。予備試験合格は世間で言うほどには難しくないことを伝えるため、予備試験の講師としても教壇に立つ。
現在、司法試験講座だけでなく、ビジネス実務法務検定試験®講座も担当するマルチで活躍する人気講師。

改訂版　ゼロからスタート！
武山茂樹のビジネス実務法務検定試験®
1冊目の教科書

2023年11月10日　初版発行

著者／武山　茂樹

監修／LEC東京リーガルマインド

発行者／山下　直久

発行／株式会社KADOKAWA
〒102-8177　東京都千代田区富士見2-13-3
電話　0570-002-301(ナビダイヤル)

印刷所／株式会社加藤文明社印刷所

製本所／株式会社加藤文明社印刷所